Sylvie Pichon-Maquelle

Marie-Stéphane Berthe

Mon guide POUR M'AFFIRMER AU BOULOT toute seule comme une grande

prat éditions

Introduction

Trouver (et surtout garder!) un emploi relève souvent d'un parcours du combattant quotidien... a fortiori pour nous, les filles, qui devons régulièrement, plus que tout autre, prouver que nous sommes à la hauteur d'un poste. Ce guide va vous accompagner pas à pas dans toutes les étapes et les cas de figure de votre vie professionnelle: car de la recherche d'un job à la promotion tant espérée, nombreux sont les écueils à éviter!

Gestuelle du premier entretien, conflits internes, patron dragueur, responsable hyper-directive, situations de stress à gérer, collègue pas très réglo, subordonné macho... nous allons tout passer au crible et vous donner les pistes pour vous sortir de chaque situation. Car oui, on peut s'entendre avec les hommes, comme avec les femmes, dans le cadre professionnel.

Notre maître mot : OSER. Nous souhaitons là encore vous aider à passer les barrières une par une... Pour qu'ensuite vous trouviez dans votre emploi l'épanouissement que nous sommes toutes en droit d'attendre et qu'enfin l'on voie ressurgir au passage cette confiance en soi qui nous fait souvent tant défaut.

Attention... hors de question de devenir des louves qui rôdent dans les couloirs en quête d'une proie, prêtes à tout pour défendre leur territoire ou pour le gagner! Bien au contraire, nous allons aussi vous démontrer qu'il est tout à fait possible de devenir une excellente proue de navire en restant fidèle à ses valeurs.

C'est parti, les filles, en avant pour un voyage qui va nous aider à nous affirmer non par la force, mais tout en douceur, en intelligence... et toujours avec le sourire!

Sommaire

CHAPITRE 1
LE RECRUTEMENT 7

CHAPITRE 2
LES PREMIERS JOURS
(SEMAINES, MOIS...) 45

CHAPITRE 3
MES RAPPORTS AVEC LA HIÉRARCHIE 61

CHAPITRE 4
MES RAPPORTS AVEC MES COLLÈGUES 81

CHAPITRE 5
MES RAPPORTS AVEC MES SUBORDONNÉS 99

CHAPITRE 6
LES SITUATIONS PARTICULIÈRES 119

CHAPITRE 7
SE REMETTRE EN QUESTION ET MÊME...
PARTIR 145

TEST
RESTER, ATTENDRE OU PARTIR ? 156

A2
JOB de RÊVE
800 m
800 m

Je ne perds jamais.
Soit je gagne, soit j'apprends.

— Nelson Mandela

CHAPITRE 1

LE RECRUTEMENT

Nous voici plongée d'emblée dans la phase la plus délicate de notre quête du Graal : celle où nous allons devoir faire preuve de finesse et mettre tous nos sens en éveil. Car avant toute chose, un boulot, ça se sent. Bien sûr, rien n'est établi et on peut se tromper sur ses premières impressions, mais notre instinct doit jouer, dans cette chasse au job, un rôle déterminant. En résumé : il va falloir laisser parler nos tripes et écouter notre petite voix intérieure !

→ AVANT L'ACTION, LA RÉFLEXION !

La recherche d'un emploi nous place, par définition, en position de demandeur : autant ne pas en rajouter en nous comportant comme si nous étions aux abois. Le self-control et un minimum de stratégie vont donc se révéler de précieux alliés… À moins d'être dans une situation désespérée, inutile de nous jeter sur la première annonce venue en nous auto-persuadant qu'il s'agit là du job de notre vie.

Premier emploi ou recherche d'un nouveau poste suite à un licenciement ou à une démission, il est pour l'instant urgent de nous poser et de faire calmement état des moyens à mettre en œuvre pour décrocher ce fameux boulot.

Pour que les choses soient plus claires, inscrivons sur une feuille les différents vecteurs que nous pensons utiliser pour mener à bien nos recherches… Mieux ! Munissons-nous d'un grand cahier dans lequel nous noterons tout : nos envois de lettres, les coups de fil que nous allons passer (avec la date, le nom de la personne à qui nous nous sommes adressée et le résultat de la communication : message sur répondeur, secrétaire demandant de rappeler tel jour, CV à envoyer à telle adresse, pas d'emploi à pourvoir pour l'instant, bref… tout !).

Ainsi, lorsque nous rechercherons ces détails dans quelques semaines, nous n'aurons qu'à parcourir les pages de notre précieux carnet pour les retrouver. Avantage : toutes nos démarches seront inscrites sur un seul et même support, et nous ne passerons pas des heures à rechercher le numéro de la DRH qu'il fallait absolument rappeler à 16 heures précises !

EXEMPLE DE JOURNAL DE BORD

SOYONS MÉTHODIQUE !

Avec ce genre de tableau, plus aucun risque de perdre des informations... si, bien sûr, nous le tenons à jour.

	Contact 1	Contact 2	Etc.
Date			
Nom de l'entreprise Fonction /poste ciblés			
Origine du contact (annonce, site, mise en relation...) Mode de contact (téléphone, mail, lettre, contact direct...)			
Nom et fonction de la personne contactée			
Coordonnées (tél., mail...)			
Contenu de l'appel / mail (infos spécifiques)			
Date du prochain appel / rdv / objectif			

Dans la liste de nos pourvoyeurs de job vont bien entendu figurer les grands classiques que sont Pôle Emploi et les petites annonces en tous genres. Mais bien souvent il nous arrive d'oublier l'essentiel, à savoir : notre entourage.

Notre tort ? Ne pas savoir demander, tout simplement… Au lieu de nous dire que, bien sûr, Tonton Jacques, qui travaille dans cette grosse boîte d'aéronautique depuis dix ans, sait parfaitement que nous sommes au chômage ou en recherche d'un premier emploi, adressons-nous à lui directement !

Selon la nature de nos relations, appelons-le, envoyons-lui un mail et annonçons clairement la couleur : oui, nous cherchons un job et nous lui demandons ouvertement de nous aider. Et tant pis si notre amour-propre en prend un (petit !) coup au passage. Au moins donnerons-nous l'image d'une personne déterminée, qui se bouge pour arriver à ses fins. Ça ne peut que nous servir.

NE SOYONS PAS INGRATE !

Faisons signe de temps en temps aux personnes qui nous ont aidée ou simplement accordé de leur temps, même si ce coup de pouce n'a pas débouché sur un emploi. Envoyons-leur un petit mot de remerciement, informons-les de notre situation quand elle aura évolué…

Battons la campagne, faisons savoir tous azimuts que nous sommes sur le marché, en résumé : or-ga-ni-sons-nous ! Une armée en ordre est toujours plus efficace qu'une bande de soldats en déroute.

Parlons de notre projet en toute occasion, avec le plus de personnes possible. »

Activons notre réseau !

Qui l'eût cru ? Seulement 30 à 50 % des postes à pourvoir sont accessibles par les annonces publiées (Pôle Emploi, agences spécialisées, presse, internet...). Ce qui signifie que 50 à 70 % des opportunités se trouvent dans la partie immergée de l'iceberg, que l'on appelle « le marché caché » ! Pour les dénicher, adoptons l'attitude gagnante : soyons curieuse, proactive, attentive et ouverte. En un mot : communiquons !

Candidatures spontanées, profil en ligne, réseaux sociaux, visite des sites des entreprises qui nous intéressent, CV sur une CVthèque, suivi de l'activité économique de notre secteur, aucune piste ne doit être négligée.

Et que dire de notre réseau relationnel qui peut contenir une mine de contacts ! Parlons de notre projet en toute occasion, avec le plus de personnes possible : notre club de karaté, le cousin Albert, notre coiffeuse, les amis, nos copains de promo ou d'école, les voisins, nos anciens collègues, leurs conjoint(e)s, leurs propres relations...

Demandons de manière simple et directe ce que nous cherchons (un conseil, une information, une mise en relation) en laissant à l'autre le temps de réfléchir et le plaisir de rendre service. Ainsi, de fil en aiguille, nous tricotons notre réseau et nous faisons passer le message. Rien de

CRÉONS NOTRE KIT « RÉPERTOIRE-RESSOURCE »

Mettons en place des fiches spécifiquement dédiées aux contacts professionnels que nous avons tissés...

Ainsi, nous ne perdrons rien du fil qui nous a menée à eux.

Nom du contact Entreprise (de qui me vient ce contact)	Tél.	Mail	Carte de visite
Patrick DUPONT Société ALPHA (de Béa du bowling)			

Nous pouvons également y agrafer les cartes de visite.

plus puissant que le bouche à oreille (quand il est structuré en stratégie).

> Il sera bien difficile de faire bonne figure et d'afficher un esprit positif si nous n'avons pas « digéré » ce qui vient de nous arriver. ”

Pourquoi ça marche ? Tout simplement parce que « tout se sait », que le monde est aujourd'hui un village et que les recruteurs commencent toujours leurs recherches en questionnant leur environnement, et ce, la plupart du temps, avant même que le poste soit libre et de passer la moindre annonce. Si nous sortons d'un licenciement, une pause s'impose avant de chercher un nouvel employeur.

En effet, si nous sommes encore en train de ruminer notre colère suite à un récent licenciement et si le deuil d'un poste perdu n'est pas encore fait (avouons-le, se retrouver sans emploi, ça fait un peu mal à l'orgueil, tout de même...), nous sommes à peu près certaine de nous diriger vers un nouvel échec. Car il sera bien difficile de faire bonne figure et d'afficher un esprit positif si nous n'avons pas « digéré » ce qui vient de nous arriver.

Le risque ? Se faire tout simplement jeter, faute de préparation. Avouons que ce serait ballot... N'entamons donc cette phase de recherche active qu'une fois reconstruite, et après avoir analysé objectivement ce qui nous a amenée à perdre notre poste ou à le quitter. En admettant sans nous cacher ce qui nous a manqué ou l'erreur que nous avons pu faire, il sera plus facile de repartir sur des bases saines et de ne pas commettre de nouveau les mêmes fautes.

C'est le moment également de s'interroger sur l'état d'esprit dans lequel nous allons aborder cette étape de recherche d'un nouveau boulot. Pas facile de se retrouver à faire la queue à Pôle Emploi alors qu'on sort d'un poste à responsabilités où l'on disposait d'une secrétaire et d'une voiture de fonction. Certaines d'entre nous vont peut-être avoir la sensation de « descendre » d'un cran

FAISONS LE TRI !

« Vu dans l'épisode précédent » : comme dans ces résumés qui nous relatent ce qui s'est passé la fois d'avant sur le petit écran, faisons un bref résumé de notre dernière expérience professionnelle...
Que s'est-il passé, quels sont les faits marquants ?

Posons-nous ces quelques questions : quelle est ma part de responsabilité dans la situation ? Quels ont été les autres facteurs déclencheurs ?
Quels comportements, quelles compétences, quelles décisions, quelles actions et quelles émotions pour quels résultats ?
Qu'ai-je appris ?
Qu'est-ce que je veux aujourd'hui (ou ne veux plus) ? Mes priorités ont-elles changé ?

Quand nous aurons éclairci ces points, nous pourrons envisager un nouvel objectif et poser de nouvelles actions.

dans leur positionnement social et, là non plus, la tâche ne sera pas aisée… L'humilité sera alors notre meilleure arme ! Faisons simple et dédramatisons : même si notre avenir dépend de ce futur emploi, notre vie n'est pas en jeu.

N'oublions jamais que chercheur d'emploi est un métier : à nous d'aborder cette mission avec autant de professionnalisme que pour notre futur job, si nous voulons en sortir vainqueur. ”

Lorsque nous serons en paix avec nous-même, consciente de nos forces mais aussi de nos faiblesses, que nous aurons clarifié nos objectifs et tiré leçon de notre passé, alors nous pourrons prendre le chemin des petites annonces. N'oublions jamais que chercheur d'emploi est un métier : à nous d'aborder cette mission avec autant de professionnalisme que pour notre futur job, si nous voulons en sortir vainqueur.

Et pourquoi pas une nouvelle aventure ?

Claire, ingénieure, a été licenciée d'une société de chimie après douze ans de bons et loyaux services. Un atterrissage quelque peu douloureux, puis quelques mois pour se poser les bonnes questions et faire un bilan. La voilà repartie dans un nouveau projet…

Elle est aujourd'hui chef d'un restaurant à 500 km de son ancienne vie, épanouie au travail comme dans sa vie personnelle. Le secret de cette nouvelle aventure ? Avoir travaillé à retrouver sa confiance en soi, avant de s'autoriser enfin à être créative et de transférer ses compétences.

→ JE DÉCRYPTE L'ANNONCE

À partir de là, en avant : la chasse au boulot de rêve est ouverte ! Enfin… de rêve. Écartons dès à présent l'image idyllique du bureau avec vue, de l'équipe soudée, de l'ambiance hyper-sympa, de la mission ou du poste qui correspond pile à ce qu'on aime faire… Impossible ?

Pas du tout ! Juste un peu prématuré, dirons-nous. Concentrons-nous dans un premier temps sur nos recherches et remettons les bonnes surprises à plus tard.

Commençons donc… par le commencement ! L'annonce, tout d'abord. Dénichée sur internet, à Pôle Emploi ou dans un journal, la voilà sous nos yeux et c'est là que notre fameux flair doit se mettre en alerte. La première chose à faire sera de décrypter celle-ci et de lire entre les lignes ce qu'attend réellement l'employeur. Prenons un peu de temps pour l'étudier de près : car si nous arrivons avant les autres, certes, mais sans être préparée, c'est le fiasco assuré.

Observons-la tout d'abord dans sa globalité : définition moyennement claire du job proposé, fautes d'orthographe… méfiance ! On dit souvent que l'annonce est le reflet, la carte de visite du recruteur. Il y a de grandes chances qu'une présentation approximative nous renvoie à un poste mal défini en interne ou tout simplement à une entreprise pas très sérieuse, ni organisée.

CDI
INTERIM
CDD

Gardons l'œil !

Il circule aussi quelques annonces bidon qui visent plusieurs objectifs possibles. Exemple, pour appâter les candidats, impressionner la concurrence ou renflouer les bases de données de certains cabinets peu scrupuleux, certaines sociétés utilisent des stratagèmes du style : « Notre entreprise recrute trois agents commerciaux, un responsable achats et deux assistantes comptables ! »… Mon œil !

Prudence également avec les annonces trop brèves… ou trop longues ! Les premières risquant de ne pas nous donner assez de détails pour savoir si nous correspondons au profil recherché ; les secondes nous entraînant dans une liste de tâches ou de requis impossibles à satisfaire en totalité. Soyons également attentive au vocabulaire et ne nous voilons pas la face : si l'anglais courant, parlé et écrit, est « exigé » ou « impératif » et que notre dernière phrase prononcée dans la langue de Shakespeare remonte aux épreuves du bac, inutile de perdre du temps.

RATISSONS LARGE !

Les TPE, PME/PMI recrutent aussi ! Ne nous limitons pas aux grandes enseignes qui reçoivent des centaines de candidatures par semaine !

Si nous correspondons à 75 % du profil recherché, préparons-nous et fonçons !

En revanche, si une première expérience dans la vente est « souhaitée » ou « serait un plus », alors là, c'est tout bon ! À nous de prouver à notre futur employeur que nous serons tout à fait apte à assurer le poste sans posséder à notre actif ce requis optionnel. Mais ne perdons pas de vue pour autant qu'à candidatures égales, ce sont ces petits plus qui feront peut-être la différence… en faveur d'une autre.

Ne perdons pas de vue pour autant qu'à candidature égales, ce sont les petits plus qui feront peut-être la différence... en faveur d'une autre. ”

Là encore, ne lâchons pas notre cahier de notes. Recensons-y toutes les annonces qui ont attiré notre attention (ainsi que la date et le support où nous les avons trouvées) avec, à côté, les plus et les moins de chaque poste proposé. Au bout d'une journée de recherches, nous visualiserons bien plus clairement les jobs qui correspondent davantage à nos capacités et ceux pour lesquels nous nous sommes peut-être un peu trop vite emballée.

LISONS UNE ANNONCE ENTRE LES LIGNES…

REFUGE ANIMALIER RECHERCHE…

Fonction
Secrétaire

Vous aurez pour missions principales :
- Traitement des appels téléphoniques
- Traitement et frappe de courriers
- Classement, archivage et rangement des dossiers et documents tels que les contrats d'adoption
- Saisie, suivi et mise à jour des tableaux de bords Excel
- Assistance dans le traitement des tâches administratives

(Liste non exhaustive)

Compétences techniques
- Aisance rédactionnelle
- Traitement des appels téléphoniques et aisance téléphonique
- Outils bureautiques - Word et Excel
- Traitement et classement de courriers
- Archivage et classement de documents

Qualités personnelles
- Aisance relationnelle
- Sens du service
- Rigueur
- Capacité d'écoute et de conseil
- Réactivité

Niveau de formation
- Niveau BAC ou BEP Secrétariat

ANALYSE DE L'ANNONCE

L'information à ne pas rater : l'environnement ! Ceci est une annonce pour une association de protection animale. Non seulement il vaudra mieux éviter le tailleur, mais aussi apprécier les aboiements, les odeurs, les animaux !

Le détail à ne pas rater : la mention discrète dans les missions : « liste non exhaustive »... Faudra-t-il ajouter les bottes en caoutchouc à la panoplie ?

Notons également la répétition du terme « aisance » : aisance rédactionnelle, aisance téléphonique, aisance relationnelle...

Le recruteur attend visiblement quelqu'un qui aura des facilités de communication et d'adaptation, soyons donc simple et naturelle !

→ JE DÉCROCHE MON PREMIER ENTRETIEN

Bien évidemment, nous le savons toutes, cette recherche fastidieuse et usante pour notre amour-propre peut durer des semaines, voire des mois. Oui nous allons rencontrer découragement, désillusion, déception, parfois même humiliation.

Soyons plus forte que tout cela, gardons la certitude que nous sommes quelqu'un de bien et qu'un patron va bien finir par s'en apercevoir.

Rien ne servira de rester dix heures par jour devant l'ordinateur ou à parcourir les journaux. Nous ne concourons pas pour le trophée de la chômeuse la plus méritante. Mieux vaut quatre heures quotidiennes d'une recherche bien organisée qu'une quête non stop et anarchique, totalement inutile.

Sans compter qu'à ne faire que cela, nous allons rapidement tourner en boucle et agacer notre entourage. Il y a peu de chances que l'annonce idéale soit mise en ligne au moment où nous sommes en train de dîner en famille et non, il n'est pas utile de quitter la table entre la poire et le fromage pour aller postuler. Chercher du travail n'est pas une course de vitesse, mais au contraire une épreuve de fond et donc d'endurance.

Et puis un jour, voilà, ça y est, nous décrochons enfin un rendez-vous ! Dès lors, soyons pragmatique, stratégique et préparons-nous à cet entretien avec méthode et application.

RESPECTONS NOTRE RYTHME

Nous l'avons dit, c'est inévitable, dans cette quête d'un emploi, nous connaîtrons probablement des hauts et des bas. Pour tenir dans la durée, apprenons l'art d'optimiser les temps forts et d'accepter les temps faibles. La première étape est d'identifier et de respecter notre rythme. Quand nous nous sentons une âme de conquérante, agissons massivement ! En revanche, quand nous surfons au creux de la vague de la motivation, ressourçons-nous auprès d'amis, de personnes qui nous estiment ; pratiquons des activités qui nous mettent en énergie, écoutons de la musique… nous avons simplement besoin de recharger les batteries et c'est juste naturel.

N'oublions jamais que l'employeur recherche une personne et pas un CV : à compétences égales (et en dehors de ces petits « plus » souhaités dans l'annonce), ce sont nos valeurs et la manière dont nous nous exprimerons, dont nous nous comporterons, qui feront la différence.

→ JE M'HABILLE COMMENT ?

Qu'on le veuille ou non, qu'on trouve cela juste, normal, logique ou pas : tout métier possède son « bleu de travail ». C'est-à-dire ses codes vestimentaires. Inutile de nous endimancher à outrance ou de ressortir le tailleur jupe et les escarpins qu'on n'a pas portés depuis le mariage de la cousine de Bretagne, pour aller prétendre à un poste où, au quotidien, jean et talons plats seront la combinaison la plus adaptée.

De même, n'arrivons pas avec notre super-pull estampillé « New York » (même si nous l'adorons et que nous avons décrété qu'il nous porterait bonheur !) pour prétendre à un emploi au contact du public, du genre employée de banque, où justement, là, la veste sera de mise. Évitons également les styles trop « marqués » parce que nous les pensons en adéquation avec le domaine d'activité dans lequel nous postulons : efforçons-nous par exemple d'« atténuer » un look gothique, même si nous briguons un poste de graphiste.

PAS DE FAUSSE NOTE !

Évitons les chaussures neuves qui nous meurtrissent les pieds et tout ce qui risque de nous déranger ou de nous faire douter au dernier moment. La « bonne » tenue vestimentaire est celle dans laquelle nous serons nous-même, dans le respect de la culture de l'entreprise qui nous reçoit.

Prenons quelques minutes pour clarifier la situation :

Quel est l'objectif de cet entretien ? Pour moi ? Pour le recruteur ? Que se passera-t-il si j'échoue ? Que se passera-t-il si je réussis ?

Visualisons l'entretien, dans ses différentes versions possibles.

Quels sont les avantages et les inconvénients de chaque version ?

Quelle est la meilleure version pour moi ? Cette brève étape se révèle très utile pour prévenir les mécanismes d'auto-sabotage.

	JE RÉUSSIS	J'ÉCHOUE
AVANTAGES		
INCONVÉNIENTS		

Une base de requis incontournable s'applique à nous toutes : la propreté. ”

Il n'est pas question de se renier, juste de doser et de ne pas risquer de braquer l'employeur dès le premier contact. Ce qui ne nous empêche en aucun cas de personnaliser une tenue « neutre » par un accessoire qui en dira un peu plus sur notre personnalité (bijou, foulard, etc.) et qui montrera au contraire à notre interlocuteur que nous n'avons pas une personnalité « passe-partout ».

Là encore, tout est affaire… d'intelligence. Optons donc pour une tenue simplement adaptée au profil du job, sans outrance et sans élément « perturbateur » : nous sommes là pour parler boulot, pour nous vendre, pas pour montrer toute l'étendue de notre dressing ! En revanche, une base de requis incontournable s'applique à nous toutes : la propreté. Il s'agit là d'une branche maîtresse de la communication non verbale qui va s'établir d'entrée entre le recruteur et nous-même. Et là, aucun droit à l'erreur. Cheveux, vêtements, chaussures, ongles… tout doit être nickel.

Sans compter l'haleine et les odeurs de transpiration qui doivent être impérativement contrôlées avant de partir pour l'entretien. Nous sommes là sur des critères qui, même avec le meilleur CV du monde et les compétences les plus adaptées au poste, peuvent nous faire perdre l'affaire dès notre entrée.

Montrons également d'emblée que nous nous sommes préparée à cet entretien : partons suffisamment tôt pour arriver en avance, pallier un problème de transport, avoir le temps de passer par les toilettes pour vérifier que notre mascara n'a pas coulé sous l'effet du stress, afin d'éviter de nous présenter essoufflée, mains moites, totalement déconcentrée et de gâcher ainsi le premier contact. De même, préparons carnet (propre, pas écorné ou déchiré), stylo (qui marche) dans notre sac à main (pas cabas, pas sac à dos, pas cartable, non : sac à main).

Bien entendu, après avoir été invitée à nous asseoir face à notre interlocuteur, nos clés de voiture et notre téléphone (éteint) seront, eux, invités à rester au fond du sac. Nous sommes toujours là sur la même idée : rien ne doit venir « vampiriser » notre entretien et détourner le regard ou l'attention de l'employeur potentiel.

En résumé, tenons-nous-en à notre devise favorite : « Nous n'avons jamais deux occasions de faire une bonne première impression ! » C'est dit !

IMPORTANT !

Apportons un ou deux exemplaires imprimés de notre CV. Parfois, une personne de l'entreprise se joint à l'entretien et appréciera d'avoir notre parcours sous les yeux.

→ JE SURVEILLE MA GESTUELLE

Sans en faire une question éliminatoire, préparons-nous aussi dans la manière de bouger, de réagir et de faire bonne impression. Certains nous diront qu'il ne faut pas en faire tout un plat, qu'il faut penser avant tout à être nous-même et ils auront raison. Il n'empêche qu'en évitant quelques erreurs gestuelles, nous n'allons pas perdre de points... et peut-être même en gagner.

D'emblée, trois éléments primordiaux vont donner le ton : notre poignée de main devra être ferme, déterminée (sans pour autant broyer la main de notre interlocuteur !), nous devrons lui adresser un regard franc, direct, et assortir tout cela d'un sourire naturel, ni timide ni factice. Le moment crucial de notre « Bonjour » va déterminer une bonne partie de la suite de l'entretien et en tout cas donner une première idée de nous à notre recruteur : autant réussir notre entrée.

Ensuite, attendons d'être invitée à nous asseoir et éventuellement à poser notre manteau, calons-nous bien dans le siège qu'on nous désignera et veillons à ne pas nous y affaler. Rien de pire que d'avoir en face de soi une silhouette avachie qui nous renverra illico l'image d'une personne désinvolte.

De même, évitons les bras croisés qui nous placent dans une posture de protection ou ne nous appuyons pas sur le bureau de notre interlocuteur. Ce geste peut s'apparenter à un manque de respect, à une attitude trop confiante et invasive. Les coudes sur le bureau, c'est comme les coudes sur la table... ça ne se fait pas !

TRAINING PRÉ-ENTRETIEN

Demandons à quelques amis de tester sur eux notre approche : regard droit, sourire empathique, énonçons distinctement et avec détermination en serrant la main d'une personne qui jouera le rôle du recruteur : « Je suis Florence et je suis la bienvenue. » Bizarre ? Oui, un peu. Quel effet ? En disant cela (bien évidemment, le jour de l'entretien, c'est dans notre tête que nous le dirons et pas à haute voix !), nous créons une référence positive pour notre cerveau, préparant ainsi la situation à venir. Grâce à ce petit exercice, mine de rien, nous générons de la confiance en soi !

Demandons également à notre ami son ressenti par rapport à notre attitude et surtout à notre poignée de main. L'a-t-il trouvée trop molle, trop timide, ou au contraire trop ferme ? Nous a-t-il sentie vraiment engagée dans la relation ? Recommençons l'exercice jusqu'au résultat souhaité !

Et si, malgré tout, le stress nous gagne, que faire ? Pensons d'entrée à sortir notre fameux bloc-notes et notre stylo. Bien souvent, avoir les mains occupées permet de focaliser sa nervosité sur un objet et nous donne une contenance. Cette option nous permettra surtout de croiser les jambes pour mieux stabiliser notre carnet (on n'y

Il sera utile en amont de savoir maîtriser notre respiration. »

verra pas, alors, un manque d'ouverture) et nous empêchera d'avoir le pied qui tressaute à terre compulsivement, ébranlant inévitablement tout notre corps !

Imaginons une seconde l'angoisse de la personne qui nous fait face en nous voyant ainsi secouée de spasmes... rien de pire pour mettre les deux parties mal à l'aise. Et, de grâce, épargnons-lui également le clic-clic de notre stylobille ! Notre cœur s'emballe ? L'angoisse continue de nous envahir ?

SOYONS EN ACCORD AVEC NOUS-MÊME

Le langage non verbal représente plus de 90 % de l'impact de notre communication ! Tout, chez nous, communique : la posture du corps, la gestuelle, les expressions du visage, la voix dans son débit, son volume, ses intonations...
Nous aurons à convaincre autant sur le fond (notre expérience, notre parcours) que sur la forme (le choix des mots et le non-verbal).

Tout au long de l'entretien, le recruteur va vérifier la congruence de notre attitude. Les mots que nous employons sont-ils en accord avec nos gestes ? S'il perçoit une dissonance, il ne sera pas convaincu.

L'ADN DE L'ENTRETIEN

Observons les affichages : les panneaux « nos valeurs », notamment, ont beaucoup à nous apprendre, ils révèlent l'identité de l'entreprise.

« La satisfaction de nos clients, l'innovation, le respect, l'intégration des différences, la compétitivité, l'excellence, la performance... »

Autant d'informations précieuses pour orienter l'entretien et montrer que l'on partage les mêmes valeurs.

Si nous sommes consciente de gérer difficilement ces situations de stress, il sera utile en amont de savoir maîtriser notre respiration et de pratiquer quelques exercices qui nous aideront à calmer notre anxiété. La cohérence cardiaque peut notamment faire des miracles dans ce domaine.

Pensons aussi à joindre le geste à la parole : cette attitude donnera de nous une image de dynamisme et d'enthousiasme que cherche évidemment notre recruteur. Là encore, attention : pas d'effets de manche non plus, tout sera affaire d'équilibre.

Et lorsque notre interlocuteur nous aura fait comprendre que l'entretien est terminé, sachons percevoir le message sans attendre. Son temps est précieux, et nous ne devons pas en abuser.

COHÉRENCE CARDIAQUE : POUR REPRENDRE LE CONTRÔLE DE NOUS-MÊME...

Les docteurs David Servan-Schreiber et David O'Hare ont permis de faire connaître et de décliner les applications de cette ressource naturelle dont nous disposons tous, sans même en imaginer la puissance !

Pratiquer la « cohérence cardiaque », c'est opérer, quasi instantanément, un recentrage émotionnel.

En bref : pour rouler en toute sécurité, une voiture a besoin du frein et de l'accélérateur ; les deux doivent être opérationnels et accessibles à tout moment. Si je n'ai que l'accélérateur, je risque d'aller dans le mur, et si je n'ai que le frein, je ne vais nulle part !

Cette technique de respiration nous permet de nous rééquilibrer et de nous adapter efficacement aux situations, notamment aux situations où un « danger » est perçu.

Or, toute situation où nous nous sentons jugée, évaluée est associée à une situation de danger.

Pourquoi ? Parce que nous sommes alors confrontée au risque d'être rejetée, et cette éventualité suffit à activer nos mécanismes de défense archaïques de survie ! Pour garder notre sang-froid et retrouver les codes de notre intelligence rationnelle (bien utile quand il s'agit d'avoir les idées claires et d'argumenter), nous devons envoyer à notre cerveau un message de sécurité : « Tout va bien, on ne va pas mourir ! »

Alors, et alors seulement, celui-ci laissera la place à notre intelligence rationnelle et nous pourrons nous affirmer, c'est-à-dire exprimer qui nous sommes avec justesse, prendre de la hauteur, retrouver de la créativité dans nos réponses et peut-être même la pointe d'humour qui nous rendra inoubliable !

En pratique : pendant quelques minutes (idéalement au moins 5 minutes), adoptons le rythme de 6 respirations par minute… inspirer 5 secondes, expirer 5 secondes.

Entraînons-nous pour devenir une véritable athlète de la gestion du stress ! Nous n'aurions pas idée de nous présenter aux JO sans préparation ?

Eh bien là, c'est pareil ! Arrêtons de penser que nous sommes une incurable stressée et que nous ne saurons jamais gérer le stress, car une solution existe en nous, il suffit de l'activer… Et cette capacité universelle n'est pas nouvelle : les premières traces de sa découverte dateraient de plusieurs milliers d'années !

La difficulté ? Se donner quelques minutes chaque jour pour respirer. Mais n'est-ce pas la moindre des choses alors que nous souhaitons muscler notre confiance en soi et nous affirmer positivement ?

Deux choses à proscrire absolument : le portable qui sonne et le chewing-gum. ”

Inutile de partir précipitamment, mais ne tardons pas à rassembler nos affaires et lui dire au revoir, en pensant aux mêmes fondamentaux qu'à notre arrivée : poignée de main ferme, regard franc et sourire spontané.

Même si nous avons la sensation que le rendez-vous ne s'est pas passé comme nous le souhaitions, que nous ne faisons pas l'affaire, gardons cette attitude positive. À cet instant, nous ne savons pas ce que l'autre pense de cette entrevue et de nous…

Durant cet entretien, deux choses seront néanmoins à proscrire absolument, sous peine d'élimination immédiate et sans appel : le portable qui sonne et le chewing-gum… même s'il nous aide à contenir notre stress !

→ JE N'ARRIVE PAS EN TOURISTE

Même si c'est l'évidence, nous arriverons à notre entretien en connaissant sur le bout des doigts la société que nous sollicitons. Pourquoi ? Parce qu'il y a de fortes chances que notre recruteur nous interroge sur le sujet et parce que… c'est la moindre des choses !

Épluchons le site de l'entreprise, soyons incollable sur ses activités, ses spécificités, ses produits, son organigramme, son histoire, ses valeurs (souvent affichées dans le hall d'entrée… d'où l'utilité d'arriver en avance !) Nous devons avoir en notre possession toutes les informations possibles à glaner.

Ensuite (on ne le dira jamais assez : arrivons avant l'heure), n'oublions pas que, dans les grandes sociétés, l'enregistrement à l'accueil peut prendre du temps, que dans celles classées « Défense » on peut même nous prier de laisser notre téléphone (ne faisons pas de scandale... c'est normal car les photos sont interdites sur ce genre de site) et que, dans la plupart des cas, on nous demandera une carte d'identité. Alors, soyons prévoyante et ne nous laissons pas piéger par ces petits détails qui risquent de tout gâcher ou de nous stresser à bloc au moment où nous n'en avons déjà pas besoin !

Enfin, et toujours parce que nous serons en avance sur l'heure du rendez-vous, nous aurons tout loisir de patienter dans le hall et de « palper l'ambiance » de la maison. Mine de rien, cela peut nous servir pour la suite...

NE PARLONS PAS TROP !

Soyons authentique, sans tout dévoiler, sans insister sur nos échecs même s'ils ne sont pas tabous, offrons le meilleur de nous-même. Ne parlons pas trop, évitons les détails trop privés, marquons des pauses, pour respirer, garder le cap et laisser l'interlocuteur intégrer les informations.

→ JE JOUE LA FRANCHISE… MAIS PAS TROP

Ça y est, nous voilà devant LA personne qui va décider de nous diriger vers un deuxième entretien… ou qui va nous renvoyer à la case « petites annonces ». Concentrons-nous sur un objectif, à savoir donner la meilleure version de nous-même. C'est-à-dire rester dans l'honnêteté : ne pas nous vanter, mais ne pas non plus nous rabaisser. Ne pas jouer un personnage, celui que nous croyons que le recruteur espère, attend, recherche, mais y aller franco, sans artifice et sans fausse modestie. Car le vrai se sent, se flaire, se repère...

Ne perdons pas de vue notre but : nous avons un job à décrocher et cela ne nous donne ni le temps ni le loisir d'entrer en plus dans la peau d'un personnage qui n'est pas le nôtre. Souvenons-nous du dicton bien connu : « Celui qui court deux lièvres à la fois n'en prend aucun ! »

Autre écueil à éviter : se vanter d'être la copine ou la cousine ou la voisine d'un employé de la maison. Ce petit détail peut à lui seul nous faire louper l'affaire… Pourquoi ?

Parce que l'ami Gérard est peut-être super sympa le dimanche dans les banquets, mais qu'ici, dans l'entreprise, et surtout au sein de son service, beaucoup de gens ne peuvent tout bonnement pas l'encadrer ! Gardons-nous donc de ce genre de confidence qui peut nous nuire, plus que nous rendre service.

→ JE SAIS COMMENT ME VENDRE

Sur ce chapitre, il va nous falloir jouer serré : le marketing de soi est en effet un art à exercer avec application. Postulat de base : nous ne sommes pas là pour nous vendre comme un produit, mais comme une marque. Oui, une marque ! Notre expertise, notre savoir-faire, notre expérience, notre personnalité, notre vécu personnel, tout cela constitue en effet notre griffe.

Cette idée nous aidera à aborder l'entretien non pas dans la peau d'un pion que le recruteur va (peut-être) décider de poser à une place, mais dans celle d'un collaborateur qui sera (peut-être) engagé pour venir jouer un rôle dans l'entreprise… Ça aide déjà à relever la tête, non ?

L'erreur serait d'aborder ce rendez-vous en position de guerrière. Nous ne venons pas pour nous battre ou pour nous venger de la perte de notre boulot d'avant. Présentons-nous dans une attitude d'offre, dans une réelle démarche de partenariat.

AYONS RÉPONSE À (PRESQUE) TOUT !

Montrons que nous savons ce que nous voulons à travers cet entretien et ce que nous valons. Pour cela, renseignons-nous pour répondre à la question : « Quelles sont vos prétentions salariales ? » en proposant une fourchette pertinente.

Malgré les apparences, des deux côtés de la table... on n'en mène pas large! ”

Et ne perdons pas de vue que le patron, le DRH sont eux aussi devant un enjeu crucial: à ce stade, ils sont autant demandeurs que nous et ne doivent pas se tromper sur ce qu'ils vont percevoir. Quel que soit le poste, de l'employé à faible qualification au cadre supérieur, ils se posent une seule et même question: « Va-t-on pouvoir lui faire confiance? »

Car se tromper sur une embauche coûte très cher à une entreprise, et pas seulement financièrement… une erreur sur un poste stratégique peut aller jusqu'à coûter sa place au recruteur lui-même. Autant dire qu'il n'a pas intérêt à se tromper.

Une idée doit pouvoir nous remettre à notre juste place et nous donner les clés pour ne pas perdre la main: à ce moment précis, et malgré les apparences, des deux côtés de la table… on n'en mène pas large!

→ J'ENVISAGE LES QUESTIONS DÉSTABILISANTES

C'est la grande spécialité de certains recruteurs… et disons-le, pour la plupart, leur petit plaisir un rien pervers! Dans ce domaine, attendons-nous à tout… Être invitée à raconter une histoire drôle en fin d'entretien, prendre la place du recruteur pour savoir quelle question déterminante nous nous poserions pour remporter la timbale ou encore nous entendre demander si nous sommes Vierge, afin de voir si nous répondons « Non, Gémeaux » ou si nous quittons notre siège offusquée, en menaçant de traîner l'entreprise aux Prud'hommes pour harcèlement, avant même d'avoir été embauchée!

Le but de la question déstabilisante ? Nous faire perdre nos moyens, nous tester en situation de stress, de désarroi, de colère pour analyser notre capacité à rebondir, à réagir et, surtout, à ne pas partir en vrille ou nous enliser. Même si nous avons la repartie facile, inutile de faire la maligne : il ne s'agit pas d'une soirée entre copains.

N'essayons pas de briller : l'essentiel, sur ce genre d'épreuve, est de nous concentrer, de rester vraie… et de nous en sortir !

→ JE NE SUIS PAS PRISE… POURQUOI ?

Nous le sentions… ou pas. Mais voilà que la mauvaise nouvelle arrive : nous ne sommes pas retenue pour le poste.

ÉCOUTONS VRAIMENT…

… Et pas seulement pour placer les réponses que nous avons soigneusement préparées ! Sachons écouter surtout pour comprendre le ou les sens de la question posée. Une réponse à côté - même un tout petit peu à côté - du sujet peut sévèrement nous pénaliser.

Prenons le temps de réfléchir si nécessaire.

Écoutons également pour apprendre ; en effet, dans les propos de notre interlocuteur se glissent beaucoup d'indices, de pistes que nous pourrons reprendre dans la suite de l'entretien.

Inutile de pester sur le ton condescendant de la secrétaire qui nous l'a annoncé au téléphone ou sur la sécheresse de la lettre que nous avons reçue, ne perdons pas notre énergie sur la forme et concentrons-nous sur le fond. Un débrief s'impose. Pourquoi cela n'a-t-il pas marché ?

Tout d'abord, comment nous sentons-nous ? Déçue, vexée, amère, en colère... Nous sommes dans la phase dite des « émotions inconfortables ». Attention, ces sentiments n'ont rien de négatif !

Bien au contraire, ce sont des émotions normales, naturelles et même tout à fait nécessaires au processus de reconstruction qui va nous mener à envisager un prochain entretien avec tout autant d'entrain que le précédent...

En fait, lorsque nous nous confrontons à ce genre d'évènements déterminants pour un pan de notre avenir (un entretien d'embauche, un concours, un rendez-vous amoureux) et que celui-ci ne nous apporte pas le résultat escompté, nous passons par quatre phrases successives indispensables à l'ouverture d'un nouveau cycle.

RESTONS DANS LE JEU !

La bonne posture ? Gagnant-gagnant ! Ne nous laissons pas égarer par nos émotions, ne soyons pas sur la défensive, restons souriante... l'exercice peut être ludique !

> Quatre phrases successives indispensables à l'ouverture d'un nouveau cycle. ❞

PHASE 1 | La surexcitation 😁

Nous voilà à la veille de l'entretien pour intégrer un poste dans la boîte de nos rêves. Nous sommes sur les charbons ardents, mais tout cela n'est que du « bon » stress. Nous avons une patate d'enfer et sommes dotée d'une très haute énergie.

PHASE 2 | Le moment tant attendu 😓

Ça y est, c'est parti, nous y sommes. Concentration maximum. Face aux questions, nous alignons nos réponses. Tout notre mental est mobilisé pour ce moment. Nous sommes là où nous voulions être depuis des jours, nous donnons tout ce que nous avons pour montrer le meilleur de nous-même.

PHASE 3 | Ça n'a pas marché 😟

Notre énergie retombe à son plus bas niveau... Nous sommes abattue. Inutile de nous forcer à sortir avec les copains. Nous avons besoin d'un sas de décompression, d'un moment de solitude et de pause pour encaisser ce que nous voyons comme un échec, mais qu'une fois la déception passée, nous devrons considérer comme une expérience. Oui, c'est raté pour cette fois et oui, nous devons l'accepter...

Il va falloir faire face à cette réalité, même si elle nous dérange. Qu'ai-je fait de bien et qu'ai-je fait de mal? Sur quel(s) point(s) puis-je m'améliorer? Si nous ratons cette phase dont nous devons tirer des enseignements, nous ne pourrons repartir sur de bonnes bases et avoir toutes les chances de gagner la fois d'après.

Chaque échec nous rend plus fort, nous enrichit et nous amène progressivement à la victoire finale. »

Car si nous n'avons pas compris pourquoi ça n'a pas fonctionné, nous aurons un stress et un handicap supplémentaires sur les épaules lors du prochain entretien.

PHASE 4 | Le renouveau

Un nouvel entretien s'annonce et notre enthousiasme se remet en marche… Nous reprenons tout de zéro, avec, comme valeur ajoutée, la leçon que nous avons tirée de l'expérience précédente. Et c'est là que nous comprenons combien chaque échec nous rend plus fort, nous enrichit et nous amène progressivement à la victoire finale.

Plus nous aurons intégré ce processus comme une méthode, plus nous serons performante et préparée aux aléas d'une recherche d'emploi. Il nous faudra être solide sans devenir pour autant une machine et assez sage pour accepter de tirer bénéfice de nos échecs, pour les transcender et en faire une force supplémentaire.

JE SUIS UNE STAR !

Imaginons-nous dans un casting ! Un fauteuil de star avec notre prénom inscrit sur le dossier est quelque part, continuons de le chercher… il est peut-être dans cette entreprise !

PRÉPARONS-NOUS AUSSI AUX QUESTIONS BATEAU QUI FONT ENCORE RECETTE…

« Parlez-nous de vous ! »
Évitons de raconter notre vie ou de réciter le CV que le recruteur a sous les yeux. À cette question, partons plutôt du « pourquoi je suis là, aujourd'hui, devant vous ». Évoquons nos réalisations et mettons-les en lien avec le poste qui fait l'objet de l'entretien.

« Pourquoi souhaitez-vous nous rejoindre ? »
Voici l'occasion idéale pour montrer notre connaissance de l'entreprise et notre intérêt pour celle-ci. En effet, si nous n'aimons pas être un numéro dans les méandres des dossiers de candidature, l'employeur n'apprécie jamais d'être traité avec indifférence, il veut aussi être choisi.

« Quels sont vos principales qualités et vos principaux défauts ? »
À préparer soigneusement dans la perspective précise du poste, de la fonction, du contexte de l'entreprise et de sa culture.

« Avez-vous des questions ? »
OUI ! Ayons toujours au moins une question préparée à poser.
Ce que le recruteur nous demande de façon détournée ici, c'est : « Vous intéressez-vous à nous ? » Interrogeons-le au sujet des formations, des projets de développement, de l'actualité de l'entreprise, de l'historique…

Qui parle, sème ;
qui écoute, récolte.

— Pythagore

CHAPITRE 2

LES PREMIERS JOURS (SEMAINES, MOIS...)

Nous y voilà… La bonne nouvelle est enfin arrivée : nous avons un boulot ! Une fois passé un moment bien légitime d'euphorie galvanisante, les questions commencent à affluer et une certaine inquiétude nous envahit. Vais-je être à la hauteur ? Quelle attitude adopter ? Car l'inconnu est à la fois excitant, mais aussi, avouons-le, un tantinet angoissant !

→ J'OBSERVE MON NOUVEAU TERRITOIRE

Même si l'on va très vite attendre de nous que nous connaissions la société comme si nous y étions née, les premiers jours devront se vivre en mode « observation active ». Au début, ne prévoyons pas de sorties trop tardives en semaine, car nous allons avoir besoin de toute notre énergie et surtout de toutes nos facultés mentales pour ingérer les centaines d'informations dont on va nous abreuver. De ce fait, autant ne pas arriver avec 4 heures de sommeil et une soirée bien arrosée en prime...

Si notre boss ou notre chef de service ne le fait pas (c'est tout de même assez rare, mais ça existe), allons nous présenter à tous. Rien de tel pour montrer notre volonté de communiquer... Personne par principe n'aime la petite nouvelle qui débarque et va peut-être même nous apprendre notre boulot...

Aller vers les autres est la démarche par excellence qui va couper court aux supputations et autres commérages nous concernant (pour l'instant!). Au moins ne serons-nous pas estampillée « pimbêche » dès notre arrivée!

Parmi les personnes que nous allons croiser, essayons dès que possible de détecter celle qui va pouvoir nous guider dans nos premiers pas et surtout répondre à toutes nos questions pratiques, c'est-à-dire nous rappeler pendant quelque temps qui est qui, nous informer des petites habitudes, des rituels du service ou de l'entreprise...

Fête-t-on les anniversaires? Qui doit faire le café? Où déjeune-t-on d'ordinaire? Y a-t-il un « Friday wear »? L'ambiance générale est-elle plutôt cool ou totalement boulot-boulot? Y a-t-il des clans? Des rivalités historiques?

ÉTUDIONS DE PRÈS LES ROUAGES DE NOTRE SERVICE OU DE NOTRE ÉQUIPE

Qui a de l'influence sur qui et dans quel domaine ?
Attention, nous ne sommes pas à l'abri de surprises ! Cela ne dépend pas toujours de la position hiérarchique ni de la fonction. Les relations humaines sont subtiles...

En observant dès les premiers jours comment fonctionnent nos collègues (ou nos subordonnés), nous gagnerons du temps dans la compréhension de notre nouvel environnement.

> Osons nous placer dans la peau de celle qui ne sait pas. ”

Qui est en position d'orienter une décision… En clair, y a-t-il un meneur ou une meneuse dans notre service? Où se trouve le local des fournitures?…

Ce sera bien le diable si, au passage, ce Monsieur ou cette Madame « Je sais tout » ne nous renseigne pas un minimum sur les petites histoires de couloirs. Loin de l'idée de nous régaler des potins du service (encore que!), voyons là une opportunité de ne pas faire de boulettes par ignorance ou de repérer plus rapidement les antagonismes entre collègues.

Là encore, osons! Osons demander, osons nous placer dans la peau de celle qui ne sait pas… Cette position d'ignorance temporaire assumée s'inscrira parfaitement dans notre démarche positive consistant à aller vers les autres et à chercher le dialogue.

Qu'importe si la question nous paraît primaire ou si nous nous sentons à ce moment-là en situation d'infériorité. Notre orgueil s'en remettra!

→ JE PRENDS POSSESSION DE MON POSTE

À ce niveau, tout va dépendre de la fonction que nous allons occuper et de l'« historique » de celle-ci. On ne démarrera pas de la même manière selon que notre poste est nouvellement créé ou bien qu'il vient d'être laissé vacant par une personne très appréciée … encore moins si nous sommes la quatrième dans ce fauteuil en moins de neuf mois! Il conviendra donc d'agir selon les circonstances et d'avancer à pas feutrés si l'on sent le terrain miné.

Dans tous les cas, en revanche, allons voir au plus vite notre supérieur pour savoir clairement ce qu'il attend de nous durant ces premiers jours. Quelles sont les priorités ? Y a-t-il un dossier urgent à traiter ? Quelles ont été les démarches mises en place précédemment sur un point bien précis et pourquoi cela n'a-t-il pas fonctionné ? Là encore, montrons que nous cherchons à apprendre, à comprendre, avant de nous lancer.

Si nous intégrons un service, une équipe avec un poste équivalent à ceux de nos collègues directs, gardons en tête les deux mots qui doivent nous caractériser d'entrée : humilité, sobriété. Notre adaptation ne se fera pas sans ces deux facteurs incontournables. Car, bien évidemment, on nous attend au tournant !

Le premier jour, adoptons une tenue vestimentaire passe-partout et observons le code général... Nous aurons tout le temps d'imposer notre style si l'aventure se confirme. Pour l'heure, ne faisons rien qui puisse engendrer une mauvaise première impression comme arriver en retard, être rivée à notre portable ou tutoyer nos collègues si tous se vouvoient. Et même s'ils se tutoient, attendons qu'on nous invite à faire de même. Ne leur donnons pas l'impression d'arriver en terrain conquis.

Scrutons le ton des conversations, observons les comportements, écoutons poliment ceux qui ne manqueront pas de venir se plaindre de la société, nous confier qu'en fait, rien ne tourne rond dans le service, mais, surtout, n'entrons pas dans leur jeu et restons sur nos gardes.

Ne fréquentons pas toujours la même personne (même si c'est de loin la plus sympa de l'équipe!), ne nous laissons pas aller à des familiarités qui pourraient être mal perçues et surtout: n'en disons pas trop.

DE QUOI AI-JE BESOIN POUR BIEN FONCTIONNER AU TRAVAIL ?

Quelle sont les conditions optimales pour moi ? Du calme, être entourée, de l'autonomie, du soutien, une plante verte, des photos de mes enfants, des signaux réguliers de reconnaissance, des activités variées, des tâches régulières, une fenêtre...

Les personnes qui travaillent avec nous ne devinent pas toujours ce dont nous avons besoin, ne leur en voulons pas, et n'en faisons surtout pas une histoire personnelle.

Il suffit bien souvent de donner quelques codes !

« J'ai besoin de 2 heures au calme pour clôturer ce dossier » (besoin de tranquillité et de concentration = ne pas déranger), « Si on allait voir Christine pour éclaircir ce point ? » (besoin de clarifier un malentendu pour repartir sur de bonnes bases).

Exprimons le plus simplement possible ce qui compte pour nous, avant que les émotions ne s'en mêlent.

Écoutons les autres raconter leur vie privée, mais ne nous sentons pas obligée de dévoiler la nôtre.

Ne répondons que si nous sommes interrogée et gardons-nous d'entrer dans les détails, restons évasive… sous peine de voir nos premières confidences étalées comme de la confiture au détour du moindre couloir !

N'oublions jamais que nouveau job veut dire nouveau départ, donc nouvelles méthodes et nouvelle culture d'entreprise. »

Et, surtout, ne comparons pas tout haut ce poste au précédent. Épargnons à nos collègues notre mine éberluée et nos commentaires un rien méprisants : « On ne faisait pas du tout comme ça dans ma boîte d'avant… » N'oublions jamais que nouveau job veut dire nouveau départ, donc nouvelles méthodes et nouvelle culture d'entreprise.

On nous a embauchée pour notre expérience ? Certes. Mais apporter cette expérience ne veut pas dire l'imposer ! Avant de vouloir à tout prix la ramener avec notre solution miracle, demandons à nos collègues pourquoi on applique ce protocole. Notre seule chance ? Qu'on nous réponde : « On a toujours fait comme ça… »

Nous aurons alors l'opportunité rêvée de pouvoir proposer une alternative dont nous pourrons expliquer les avantages par rapport à la méthode actuelle.

Si nous sommes amenée à occuper des fonctions managériales, ne tardons pas avant de réunir nos subordonné(e)s.

Passons tout en revue : les horaires, les missions, les spécificités de chacun, l'attitude que nous attendons d'eux (ne pas laisser traîner un problème, venir en parler, les assurer que notre porte sera toujours ouverte...), notre manière de travailler, nos attentes, nos besoins et surtout : nos valeurs.

Mettons tout de suite cartes sur table. Qu'est-ce qui est selon nous incontournable (l'intégrité, la franchise...) et quels sont les éléments auxquels nous sommes moins attachée?

À la fin de la réunion, bien évidemment, demandons s'il y a des questions, des points à préciser, ce qu'ils attendent de nous, de notre arrivée. Et, là encore, positionnons-nous comme celle qui, certes, va être leur supérieur, mais qui a encore beaucoup à apprendre d'eux. Expliquons-leur que nous préférons privilégier le partenariat, l'esprit d'équipe plutôt que le rapport strictement hiérarchisé, tout en faisant bien comprendre que nous resterons tout de même celle à qui ils devront rendre des comptes.

Gardons-nous surtout de toute arrogance, mais ne banalisons pas non plus notre position : nous sommes là pour prendre le service en main et pour donner, nous aussi, satisfaction à notre supérieur.

Si nous le sentons, proposons de déjeuner tous ensemble dans les jours prochains : autour d'une table, les relations prennent une tout autre forme, les langues se délient, les personnalités se révèlent car les gens se lâchent ! Profitons de cette occasion pour en savoir un peu plus sur chacun...

Comprendre est une chose, mais nous ne sommes pas là pour résoudre les soucis de couple ou de garde d'enfants. ”

Rapidement, exprimons positivement nos objectifs et nos demandes, en n'oubliant jamais de privilégier le dialogue.

Au bout d'un mois, provoquons des entretiens individuels avec chaque membre du service en faisant part à chacun de nos premières impressions à son sujet: se sent-il bien au sein du groupe? Est-il à l'aise avec ses attributions? Comment ressent-il ce premier mois et les bases que nous avons instaurées? S'il se pose déjà un problème de retards récurrents, de laisser-aller dans les dossiers, d'attitude négative vis-à-vis d'un collègue ou d'une difficulté, entrons dans le vif du sujet. Demandons-lui s'il a des soucis personnels pouvant justifier ces « écarts », sans nous transformer pour autant en assistante sociale ou en psy.

Comprendre est une chose, mais nous ne sommes pas là pour résoudre les soucis de couple ou de garde d'enfants. Nous lui aurons alors montré que nous avons observé et pris tous les éléments en compte avant de juger, mais que les choses étaient claires dans notre discours depuis le premier jour: nous ne pouvons tolérer plus longtemps les faits.

→ JE BOSSE... MAIS JE POSE AUSSI MES LIMITES

On a longtemps considéré que la légitimité d'un employé n'émanait que de sa capacité de travail et que l'autorité constituait à dire haut et fort qu'on était le chef. Qu'il suffisait d'arriver avant et de partir après tout le monde pour gagner nos galons… Il se pourrait que les temps aient changé!

N'AYONS PAS PEUR D'AFFICHER NOTRE INTÉGRITÉ

Tu me respectes, je te respecte, il la respecte, etc. Mais n'oublions pas non plus : « Je me respecte » !

L'intégrité est un incontournable de l'estime de soi. Si nous voulons être respectée, écoutée, reconnue, posons-nous une simple question : est-ce que moi, je me respecte ?

En effet, comment attendre des autres qu'ils me traitent avec respect si je me dénigre sans arrêt, si je suis la première à ne pas respecter mon rythme, mes désirs, mes valeurs, mes limites – en bref, ce que je suis ?

Si nous chaussons du 39, nous ne portons pas du 37. De même :

- Si nous pensons non, disons non (il y a toujours une façon adaptée de le faire).

- Si la solidarité est importante pour nous, n'acceptons pas de laisser un collègue seul face à ses difficultés.

- Si nous ne supportons pas la médisance, faisons-le savoir à nos copines de bureau.

- Si nous avons besoin de 5 minutes pour respirer - en cohérence cardiaque, par exemple, pour bien recharger les batteries –, organisons-nous.

BANNISSONS LES PENSÉES DESTRUCTRICES

Les premiers soirs, il y a de fortes chances que nous rentrions harassée, épuisée par toutes ces informations et ces nouveautés à intégrer en un temps record…

Pas de panique ! Tout cela est normal et logique. Alors, ne tombons pas dans les « Je suis nulle », « Je n'y arriverai jamais », « Je n'ai jamais rien compris dans ce domaine »…

Prenons une sage décision sans attendre : arrêtons les agressions dès maintenant.

Et changeons notre monologue. Est-ce que ces pensées nous aident, nous mettent en énergie ?

Pas vraiment, on peut même dire qu'elles nous plombent et attaquent chaque jour davantage notre confiance en nos capacités.

Si nous nous répétons sans cesse que nous ne sommes pas à la hauteur, comment, à ce régime, oser s'affirmer ?

Transformer ces freins par des phrases comme : « Il me faut seulement quelques semaines pour prendre la mesure de ce nouveau poste », « Je suis méthodique et volontaire, j'y arriverai ! », « Je m'autorise à demander de l'aide », « J'ai le droit de faire des erreurs » (Oui… puisqu'on vous le dit !), « Je suis belle aujourd'hui »…

Dans les premiers temps, nous allons bien évidemment être confrontée à une surcharge de travail : d'une part parce qu'on ne manquera pas de nous tester, mais aussi parce qu'on prendra un plaisir à peine dissimulé à nous confier « le » dossier dont personne ne veut et surtout parce que, du fait de notre noviciat, nous serons encore un peu longue à la détente !

Tout cela n'a rien d'alarmant et se révèle, somme toute, légitime… Lorsqu'on prend un train en marche, il est souvent nécessaire de courir.

CE QUI EST VRAIMENT IMPORTANT POUR MOI DANS MON JOB

La confiance, la collaboration, gagner de l'argent, l'écoute, les défis, l'ambiance, la qualité, la performance, la progression, l'apprentissage, la sécurité, s'amuser... (complétons notre propre liste).

Dès les premiers pas dans cette nouvelle entreprise, soyons bien au clair sur ces points et attentive à les équilibrer.

Si quelque chose nous contrarie, le moment venu posons la question, exprimons calmement notre point de vue.

N'engrangeons pas de malaises, de malentendus, car bien souvent il s'agit d'une bricole, d'une interprétation ou d'une maladresse qui pourrait être vite dissipée.

Quoi qu'il arrive, restons pro. ❞

Mais on dit aussi que les bonnes habitudes se prennent dès le début et, en la matière, nous allons devoir rester vigilante quant aux limites à ne pas dépasser, sous peine de basculer dans une spirale qui pourrait nous être fatale.

Bien sûr qu'il va nous falloir bosser, bosser… et bosser. Bien sûr qu'on n'a pas encore trouvé mieux pour rassurer notre employeur et pour en imposer à nos collègues ou à nos subordonnés. Mais, de nos jours, ces notions emblématiques d'autorité et de légitimité vont aussi s'affirmer dans notre capacité à dire « non ».

Non à un dossier supplémentaire alors que nous n'avons même pas eu le temps de déjeuner ce midi, non à une garde de plus alors que nous les enchaînons déjà depuis des semaines, non à un travail qui n'entre pas dans nos attributions (sauf si c'est pour rendre service), non à un collègue qui souhaite partir plus tôt ce soir alors qu'il a un dossier urgent à boucler… Là encore, même si le fond est tout à fait justifié, il nous reviendra d'y mettre les formes et de ne pas opposer un refus en frontal. En toutes circonstances, restons positive. Expliquons : « Non, je ne peux vous rendre ce dossier dans une heure car je suis actuellement en train d'en boucler un autre tout aussi urgent. » Mais ne nous justifions pas : « J'ai eu un tas de coups de fil ce matin, je n'ai pas eu le temps de m'y mettre parce que je suis tout le temps dérangée. »

Quoi qu'il arrive, restons pro. Et si notre interlocuteur insiste, alternons empathie et fermeté : oui, nous comprenons que notre refus lui pose problème, mais nous avons nous aussi nos impératifs.

Accueillons nos capacités, nos qualités, mettons-les au service de notre bien-être et de notre développement, mettons-les en action pour nous adapter à nos nouvelles responsabilités.

Même si nous sommes conscientes de nos axes de progrès (cela peut être très stimulant), essayons de nous traiter avec bienveillance.

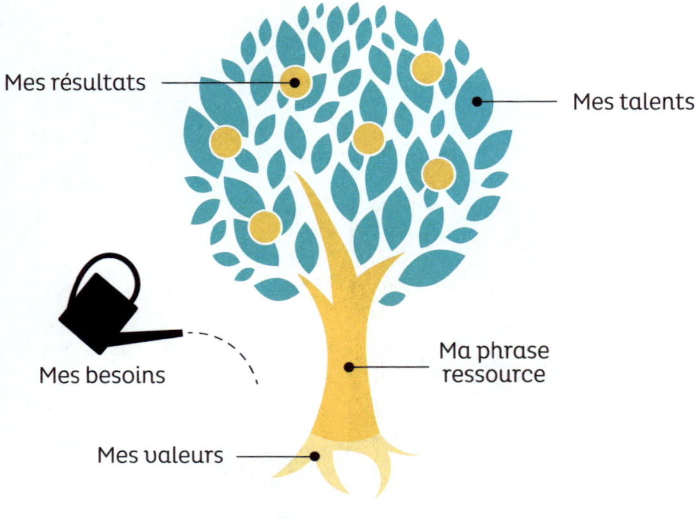

Un pessimiste voit de la difficulté dans chaque opportunité. Un optimiste voit l'opportunité dans chaque difficulté.

— Winston Churchill

CHAPITRE 3

MES RAPPORTS AVEC LA HIÉRARCHIE

À moins d'être sa propre patronne, nous aurons toujours des comptes à rendre à (au moins!) une personne au-dessus de nous… Le boss, le directeur, le chef de secteur, le supérieur direct (ou les mêmes en filles) vont, par définition, attendre que nous répondions au mieux aux demandes en général, quand ce ne sont pas les leurs en particulier! Là encore, attention : même si ce sont nos supérieurs hiérarchiques, une marge de manœuvre nous appartient et elle s'appelle le libre arbitre.

→ DE LA SURCHARGE AU BURN-OUT...

Revenons à la surcharge de travail qui nous guette parfois dès nos premiers mois dans l'entreprise, ou bien qui s'immisce tranquillement au fil du temps... Nous l'avons dit, ne pas fixer rapidement des limites, ne pas savoir dire « non » ou ne pas déléguer, c'est se mettre en danger. Pourquoi sommes-nous alors aussi nombreuses à ne pas savoir, ou à ne pas oser décliner « le » dossier de trop ou, plus généralement, les heures supplémentaires, les tâches qu'on nous demande d'assurer en plus de notre propre mission ? Tout simplement parce que, comme les bons élèves, nous avons peur qu'en ne répondant pas positivement à la requête du maître ou de la maîtresse, on reconnaisse moins nos compétences. Pire... qu'on nous aime moins !

Cette hyper-implication résulte en effet tout droit de ce bon vieux besoin de reconnaissance que cache tout être au fin fond de lui-même... Les profils perfectionnistes, les personnes généreuses sont les plus touchées par ce phénomène. Mais, à trop rendre service, on tombe vite dans l'engrenage : rapidement, nous ne savons plus distinguer les vraies des fausses priorités... et nous perdons de vue ce qu'est réellement la définition de notre poste. Sans compter que nous passerons petit à petit de la soumission à la victimisation, autant dire que cela deviendra vite insupportable pour notre entourage.

Le risque ? Un stress grandissant, bien sûr ! Celui qui va tisser sa toile sur notre vie professionnelle, puis passera à la vie privée sans même qu'on s'en rende compte. Nous ramènerons à la maison nos problèmes de boulot, auxquels succéderont généralement des nuits perturbées, puis nous repartirons pour une journée de travail, et ainsi de suite jusqu'au point de non-retour qu'est le burn-out.

LA SPIRALE INFERNALE

1. **Je dois être à la hauteur ! Décevoir = DANGER**
Je ressens de la peur.

2. **J'ai besoin de mieux contrôler la situation**
Je ne délègue plus, je charge la barque.

3. **Le stress augmente**
Je dois à tout prix assurer ! Comment vais-je faire ?
Je dois travailler encore plus !

4. **La fatigue s'aggrave**
le stress continue d'augmenter.
Le risque d'erreur est maximum, je ne communique plus ou très mal.

5. **Selon les profils**
la cocotte-minute implose ou explose sous la pression.

6. **Dégats professionnels, personnels**
risque de dépression, burn-out.

IMPLOSION OU EXPLOSION, À CHACUN SON STYLE…

Jeanne, ingénieure dans un grand laboratoire pharmaceutique, est la **collaboratrice parfaite :** non seulement compétente mais aussi proactive, dynamique, professionnelle et… perfectionniste.

Après des années d'implication, de progression, de prise de responsabilités, tout le monde trouvait normales sa capacité de travail hors normes, son énergie inépuisable. Jusqu'au matin de trop, celui où elle est restée chez elle, prostrée, immobile, brisée.

Quatre ans lui ont été nécessaires pour se remettre en mouvement, sortir de chez elle, pouvoir à nouveau s'occuper de ses filles et reprendre le travail.

Pour **Léa, la règle, c'est la règle**. Une consigne, ça se respecte. La satisfaction client est une priorité.

Alors, quand elle arrive dans ce nouveau service, tout est source de stress : étiquettes de travers, tenues non règlementaires, réunions pas cadrées, valeurs de respect bafouées, délais dépassés…

Chaque jour fait augmenter la pression. Léa se met en colère, sort de ses gonds pour des détails, ses collègues se sentent harcelés par ses remarques ironiques et acerbes. En quelques mois, la réputation de Léa est faite à travers toute l'entreprise et elle se sent seule, incomprise, victime d'un complot, rejetée.

Il faudra seulement quatre mois d'accumulation, de « gouttes d'eau », de renoncements et de frustrations pour qu'un jour Léa explose dans son service et soit emportée dans un accès de rage irrépressible. Emmenée en ambulance, elle sera hospitalisée et arrêtée plusieurs mois.

CONCLUSION de ces exemples authentiques :
attention, comme nous avaient prévenues nos grands-mères, mieux vaut prévenir que guérir ! Les conséquences peuvent être irréversibles dans certains cas : si nous allons trop loin, nous risquons de garder une fragilité chronique durant de longues années et on peut ne pas en revenir.

Comment éviter le point de rupture ?

En se connaissant bien, en étant attentive à nos ressentis, à nos émotions qui sont là pour nous alerter, en écoutant nos besoins et en trouvant un moyen écologique d'y répondre avant le drame.

Il est possible d'arrêter la machine infernale, identifions les limites de notre équilibre, respectons-les et faisons-les respecter.

Si nous nous sentons sur le fil du rasoir, une seule chose à faire : demander de l'aide à un professionnel.

Peu à peu, la fatigue va ralentir notre rythme et altérer notre productivité. En outre, qui dit plus de travail dit moins de temps pour soi… et donc quasiment plus de possibilité (et bientôt d'envie) d'évacuer notre stress par le sport, les sorties ou toute autre activité familiale. Sans cesse sous pression, devant l'impossibilité à pouvoir « s'aérer », notre cerveau va tourner en boucle, jusqu'à s'emballer et lâcher. Pour peu que nous ayons en plus quelques problèmes personnels à gérer en parallèle, nous fonçons alors droit dans le mur.

POINT D'ÉTAPE

Bien se connaître va nous permettre d'anticiper et d'éviter la spirale infernale.

Avons-nous besoin d'être appréciée ?

Pourquoi pas, mais gardons à l'esprit que nos collègues ne sont pas obligatoirement des fournisseurs d'amitié. Quand nous nous sentons fragile, n'hésitons pas à faire une séance de cocooning en famille ou entre amis, c'est bon de se sentir aimée et ça recharge les batteries !

Avons-nous besoin de reconnaissance ?

Très bien, demandons de temps en temps à notre boss un retour sur notre travail, allons chercher les signaux de satisfaction, même discrets, le feedback qui va nous rassurer sur la qualité de notre travail.

On ne le dira jamais assez : s'affirmer, c'est se protéger ! ”

Le burn-out, c'est la panne sèche, le point ultime qui nous conduit à la faute. Celui qui nous cloue debout et nous vide de toute énergie. Ceux qui en reviennent disent que c'est une épreuve aussi conséquente qu'un séjour en prison… Alors, autant éviter la peine maximale en apprenant rapidement, et sans culpabilité, à refuser l'inacceptable. On ne le dira jamais assez : s'affirmer, c'est se protéger !

→ SE DÉMARQUER, ALLER LÀ OÙ ON NE M'ATTEND PAS

L'un des meilleurs moyens de garder un cerveau en bonne santé, et donc loin de l'emballement, c'est la créativité. Chercher à innover, être dans le mouvement sont des qualités dont les entreprises ont besoin. Nous gagnerons bien plus en reconnaissance en étant le relais d'expériences extérieures vécues, lues ou vues qu'en disparaissant derrière une pile de dossiers ou en cumulant les heures !

L'imagination est un vrai bol d'air pour notre cerveau… et pour notre entourage professionnel. Notre quotidien commence à nous peser ? C'est signe qu'il est urgent de mettre nos méninges en marche et de partir à l'assaut d'idées nouvelles. Sortons, documentons-nous, rencontrons du monde, cherchons tous azimuts les tendances, les nouvelles techniques ou technologies qui pourraient être étudiées dans notre entreprise. Montrons que, si nous disons non à la surdose de tâches, nous ne nous désintéressons pas pour autant de notre travail et de notre société.

« JE NE SUIS PAS CRÉATIVE »

« Je n'ai pas une âme d'artiste, je ne suis pas manuelle, je suis nulle en dessin, je suis maladroite, bref, la créativité, très peu pour moi !... » Taratata, la créativité, ce n'est pas faire du beau, ce n'est pas avoir plein d'idées, d'ailleurs, ce n'est même pas de l'ordre du FAIRE ni de l'AVOIR.
C'est du domaine de l'être, **être créatif c'est d'abord ÊTRE OUVERT.**

La créativité n'est pas seulement le terrain de jeu des artistes. Nous disposons toutes de cette ressource. L'avons-nous exprimée, utilisée, exercée ? Nous sommes-nous autorisée à l'explorer, à être curieuse, à essayer, à échouer, à nous exposer ? Muscler sa créativité au travail, c'est non seulement possible, mais c'est réjouissant.

LA PREUVE PAR 4

Choisissons une situation, un objectif, et passons-les au tamis de ces **4 questions**.

1. **Et si c'était possible ?** (si j'y croyais)
2. **Et si je n'avais pas peur ?** (si j'osais)
3. **Et si je n'avais pas de limites ?** (si je pouvais)
4. **Et si j'avais le droit à des réponses/options/solutions complètement farfelues ?** (si j'étais vraiment libre)

Que se passe-t-il ?

Nous sentons la porte s'entrouvrir. N'ayons pas peur, être créatif ça ne fait pas mal : c'est un don qui peut nous sortir de bien des situations délicates et nous faire gagner un temps précieux. Alors, développons notre créativité !

Soyons toujours disposée à apprendre, à découvrir, à explorer… Pour cela, considérons que nous devons chaque jour défendre notre place, que rien n'est jamais acquis et que notre longévité dans l'entreprise ne tient pas seulement au travail que nous effectuons, mais aussi à l'évolution, au nouveau visage que nous sommes en mesure de lui apporter. Et, pour convaincre notre hiérarchie qu'une idée peut être un atout pour la société, sachons raconter une histoire… Nous n'en serons que plus convaincante !

Être créatif, c'est d'abord être ouvert. ”

Aujourd'hui, la norme est dans le changement, et non dans l'immobilisme. Réjouissons-nous… Il se pourrait que la curiosité soit devenue un super-défaut !

M'AFFIRMER AU BOULOT EN LIBÉRANT MA CRÉATIVITÉ ?

Oui, et dans les grandes comme dans les petites choses. Nous savons créer des opportunités, des solutions, des process plus adaptés, des synergies, des espaces de parole, de la bonne humeur, et tant d'autres choses que nous n'imaginons même pas !

Quand nous avons l'impression que nous ne sommes pas créative, commençons par être à l'écoute, ouverte, attentive et patiente avec nous-même, notre créativité pointera très vite le bout de sa spontanéité, pour ouvrir de nouveaux horizons !

CHANGEMENTS DE PARADIGMES

Autrefois, nous devenions boulanger parce que papa était boulanger. Nous apprenions un métier et c'était fait une fois pour toute.

Nous avions des repères bien fixes : la jeunesse pour apprendre, l'âge adulte pour travailler dur, et c'était à ces conditions que nous pouvions espérer avoir des lendemains meilleurs, jour après jour. Nous étions soumis à notre environnement et cloisonnés par notre culture, nos origines, la société dans laquelle nous vivions.

Cette description un peu schématique, certes, n'est pas si lointaine. Soyons vigilante, si ce n'est pas encore fait, il est urgent de faire la mise à jour !

Aujourd'hui, les règles du jeu sont très différentes. L'apprentissage est constant, le changement permanent, la vie se déroule par étapes, par chapitres, par cycles.

Et nous avons appris que nos choix, nos valeurs, nos actions ont un impact sur notre environnement et sur le cours de notre vie.

→ OSER DIRE QU'ON NE SAIT PAS FAIRE

Pas toujours facile d'annoncer ouvertement que l'on ne sait pas faire… Forcément, un tel aveu, même s'il nous honore, nous place dans une situation peu avantageuse vis-à-vis de notre hiérarchie comme de nos collègues, et davantage encore face à nos subordonnés ! Considérant que notre métier n'est pas inné, qu'il évolue en permanence et que les pratiques sont multiples, il n'y a pourtant aucune honte à « avouer » son incompétence dans un domaine… surtout si l'on annonce dans la foulée qu'on ne demande qu'à apprendre.

Seulement voilà, quand notre fichu amour-propre s'en mêle, on préfère dissimuler le manque, le contourner, sans oser admettre que celui ou celle qui pose des questions ne peut être que bien perçu(e). Sans compter qu'en fonction de la nature de cette ignorance, les conséquences peuvent être dramatiques. Ne pas connaître tous les secrets de Excel ne mettra pas la société ni nos clients en péril ; en revanche, dans une usine de produits dangereux ou dans un hôpital, une méconnaissance pourra rapidement tourner à la catastrophe.

Le risque ? Celui de tomber dans la spirale du mensonge ou de l'omission volontaire qui sera bien plus lourde à porter lorsqu'elle sera dévoilée que l'aveu d'une incompétence partielle et ponctuelle. Comment s'en sortir ? En mettant son orgueil dans sa poche et en se recentrant sur sa hiérarchie : « Non, je ne sais pas faire… en tout cas, comme vous le faites, vous, et oui, j'ai besoin d'une formation. » CQFD !

TÉMOIGNAGE

« JE N'AI PAS OSÉ DIRE NON, J'AI EU PEUR DE DIRE QUE JE N'ÉTAIS PAS À L'AISE. »
— Carole

« Dans l'entreprise depuis quelques années, j'occupais alors un poste qui, bien qu'un peu routinier, me plaisait. Je travaillais en autonomie et au calme, sans trop de relations avec mes collègues ni les autres services.

Lorsque ma responsable me lance un soir à 18 h :
– Carole, vous qui êtes informaticienne, vous animerez la petite formation PAO des nouveaux cadres de l'entreprise la semaine prochaine !
Je m'entends répondre :
– D'accord, pas de souci !

Je prépare vaguement une trame basique et je me retrouve le jour J, devant mon auditoire.
Dès les premières minutes, face aux personnes présentes, je me rends compte qu'elles sont toutes beaucoup plus compétentes que moi sur le sujet ! Je n'avais mesuré ni le travail de préparation ni le niveau attendu. Cette expérience fut une épreuve très difficile, stressante et humiliante. Voilà ce que j'en retiens :

1/ Ne jamais dire oui sans réfléchir.
2/ Demander : je n'ai demandé aucune information concernant les contenus, le niveau de connaissance du sujet des personnes concernées, la durée de l'intervention...
3/ Refuser si nécessaire : je savais que je ne maîtrisais pas vraiment le sujet, mais j'ai minimisé mon manque de compétence.

Je ne comprends toujours pas comment j'ai pu me mettre dans une telle situation. Je n'ai pas osé dire non, j'ai eu peur de dire que je n'étais pas à l'aise. Mais ça, c'était avant ! J'ai beaucoup appris de cette expérience. »

→ DIRE À SON SUPÉRIEUR QU'IL SE TROMPE

Nous avons vérifié dix fois, vingt fois, et là, c'est certain, le boss fait fausse route. Tout patron qu'il est, il se trompe! Comment faire en sorte que l'erreur ne soit pas engagée sans qu'il nous tienne rancune d'avoir découvert une faille dans sa manière de manager? En résumé: comment ne pas froisser son amour-propre de grand chef!

Vérifions avant tout qu'il est en état d'entendre ce que nous avons à lui dire... en clair, qu'il s'agit d'un supérieur « normal » dans le sens « équilibré ». Si notre boss souffre d'un ego surdimensionné virant au cas pathologique, inutile de tenter l'aventure, sous peine d'être haï sur trois générations. Laissons tomber l'affaire et continuons notre chemin en espérant juste que l'erreur en question ne nous retombe pas dessus dans quelque temps, lorsqu'il faudra trouver un(e) responsable!

Si nous considérons que celui-ci (ou celle-ci, bien sûr) est normalement constitué, c'est-à-dire prêt à envisager un manquement ou une mauvaise orientation de sa part, prenons soin de prendre un rendez-vous pour parler du sujet dans un endroit tranquille... son bureau, par exemple. À partir de là, des faits, juste des faits et rien que des faits! Analyses, chiffres, observations, résultats, retours... présentons-lui de manière ordonnée et précise ce qui manque souvent le plus à nos dirigeants: des infos qui viennent du bas.

Positionnons-nous d'emblée comme celle qui souhaite faire avancer une réflexion, qui rend service, qui lui apporte des éléments qui vont lui permettre de prendre une décision en toute connaissance de cause. Car nous devons impérativement le laisser à sa place de décideur. Surtout pas de « Je

Aujourd'hui, la notion d'employé s'éloigne au profit de celle de collaborateur. ”

pense que… », mais au contraire des « À votre avis… », « Selon vous… », « Ne pensez-vous pas que… » qui le confortent dans sa position. Il ne s'agit pas de notre opinion contre la sienne, mais juste de l'opportunité d'un nouvel éclairage sur une question d'importance.

À partir de là, s'il se trouve doté d'un minimum d'intelligence et de modestie, notre intervention devrait nous faire gagner des points. À condition, bien sûr, de ne pas aller nous vanter de lui avoir évité une boulette au premier coin de couloir ! Laissons-lui son hégémonie, même si nous devons serrer les poings lorsqu'il se vantera d'avoir pris la bonne décision. Et, qui sait – si, si, ça existe ! –, peut-être aura-t-il l'honnêteté d'annoncer que c'est nous qui lui avons évité de faire fausse route…

→ POSER UN REGARD NEUF SUR « LE CHEF »

Sauf si nous avons débarqué dans une entreprise qui n'a pas changé ses codes depuis les années 50, il y a de fortes chances que les relations avec notre supérieur aient évolué… Rappelons-nous l'entretien d'embauche : il importait de nous présenter non pas comme un pion que le patron allait poser ici ou là, mais dans un esprit de partenariat. C'est précisément cette idée-là qui doit nous guider : de nos jours, l'impact hiérarchique tendant à se minimiser, notre supérieur attendra davantage une réelle coopération, des propositions en accord avec ses valeurs, qu'une obéissance aveugle à ses ordres. Aujourd'hui, la notion d'employé s'éloigne au profit de celle de collaborateur, dont on attend une adhésion et des initiatives concernant un projet commun d'entreprise.

ERREURS DE CODES

Certains codes du langage corporels sont différents selon les cultures et ce peut être source de fâcheux malentendus.

Nora est responsable du pôle « accueil VIP » dans un groupe international. Chargée de faire visiter l'entreprise à des hôtes indiens et japonais, tout se passe au mieux comme à l'habitude et les invités sont ravis. Jusqu'à ce que la directrice de Nora arrive. Celle-ci s'intéresse, pose des questions, et, au fur et à mesure des échanges, la pression monte dangereusement. Nora a compris et demande un moment à sa directrice, qui, agacée, lui dit :

« À chaque fois que je leur pose une question, ils me lancent un large sourire en disant non avec la tête. Ils ne me regardent pas en face. Pourquoi refusent-ils toutes mes propositions ? Se moquent-ils de moi ? »

Dans certains pays asiatiques, ce que nous considérons comme un « non » de la tête est au contraire un geste d'acquiescement.

Le sourire est presque toujours de rigueur, que l'on soit d'accord, mal à l'aise, pas d'accord, quand on a compris… Quant au regard baissé, c'est un signe de respect et non de faiblesse ou de fuite. Un regard trop direct serait un affront ou une provocation.

Grâce à ces quelques décryptages, la visite fut une réussite et l'« incident diplomatique » a été évité. Nora a gagné en crédibilité.

À nous, donc, d'avancer (prudemment !) dans cette voie, si nous constatons que notre hiérarchie semble réceptive à ce genre de relations. Et si elle ne l'est pas tout à fait, rien ne nous empêche d'aller à pas feutrés dans cette direction...

> Les nouveaux patrons attendent autre chose qu'une dévotion sans jugement. »

Notre supérieur comprendra alors que des idées allant dans son sens peuvent lui être proposées sans remettre en cause sa position, sans « menacer » son territoire, mais sans avoir besoin non plus d'affirmer son autorité. Avouons que, des deux côtés de la barre, le scénario est tout de même plus reposant !

Vers un management plus intelligent

Le monde change, et nos managers aussi. Les nouvelles générations de patrons attendent de leurs équipes autre chose qu'une dévotion sans jugement.

Pourtant, nous avons nous-même parfois du mal à faire la mise à jour. Nous projetons encore trop souvent cette vieille image du patron directif qui manageait par la peur et le sur-contrôle. Ne nous voilons pas la face, les dinosaures existent encore, c'est vrai. Mais il est vrai aussi qu'ils tendent à disparaître ou à muter vers un mode de management plus intelligent relationnellement.

Bonne nouvelle ? Oui, et nous pouvons les aider à réussir cette mutation !

Comment ?

- Posons-nous cette simple question : de quoi rêve mon patron ?
  Le plus souvent, de pouvoir se reposer sur une équipe compétente, digne de confiance, qui partage les valeurs de l'entreprise et… qui a la pêche !

- Et nous, qu'attendons-nous de notre patron ?
  Des directives claires, du soutien, des objectifs et les moyens de les atteindre, de la confiance, de l'autonomie et du feedback positif.

Ces deux mouvements vont plutôt bien ensemble finalement, et, pour parvenir à les harmoniser, nous disposons de plusieurs pistes :

Faisons preuve d'initiative. Générons de la confiance. Affirmons notre point de vue, osons proposer. Acceptons le « risque » d'exprimer notre opinion, d'apporter les informations qui vont peut-être contribuer à la prise de décision et au projet d'entreprise. Jouons la carte de la loyauté et de l'intégrité.

LES 11 FACETTES DU DIAMANT DE L'HARMONIE

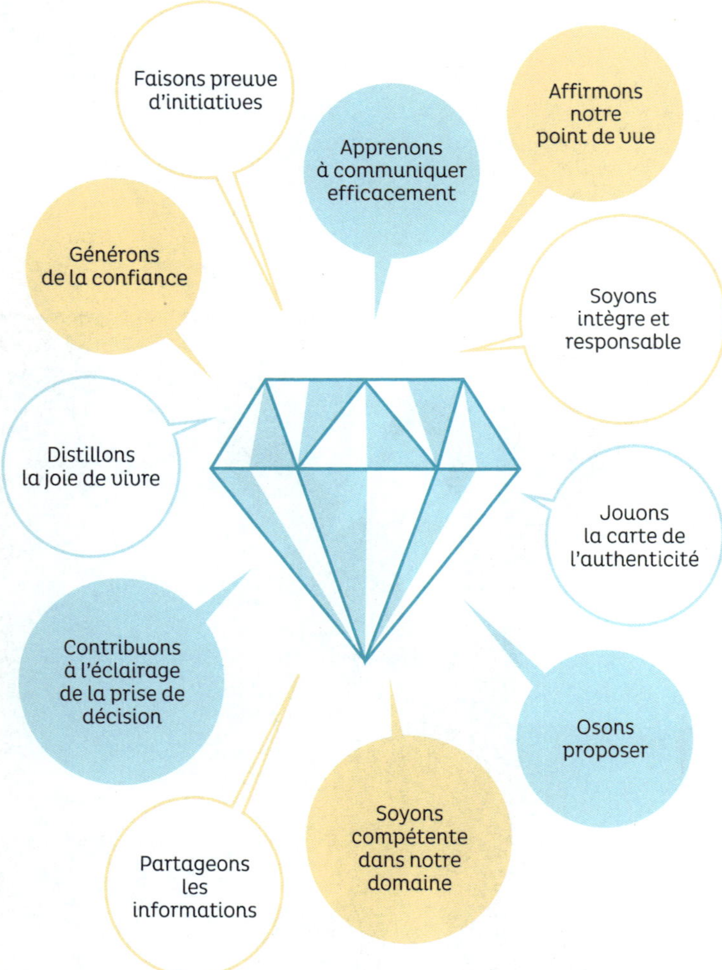

Ceux qui pensent que c'est impossible sont priés de ne pas déranger ceux qui essayent.

— Pythagore

CHAPITRE 4

MES RAPPORTS AVEC MES COLLÈGUES

Nouvelle venue ou déjà ancienne dans le service, pas facile de faire sa place et surtout de la garder ! Bien sûr que certaines s'épanouissent dans des ambiances de rêve, entourées de collègues solidaires, sympas, et que c'est pour elles un plaisir d'aller travailler. Mais ce tableau idéal n'est pas assuré à tous les coups, malheureusement… Alors comment faire en sorte que notre bureau ou notre poste de travail ne devienne pas l'antichambre de l'enfer ?

→ COMMUNIQUER EFFICACEMENT

Communiquer, nous connaissons toutes le concept et nous en comprenons bien l'enjeu. C'est entrer en relation, transmettre, faire passer quelque chose. Mais sommes-nous toujours bien au clair sur ce que nous « faisons passer » ? Nous communiquons des mots, des dossiers, des renseignements, des connaissances, des peurs, des images, des doutes, des fous rires… Même nos silences communiquent. Finalement, on n'échappe pas à la communication.

Pourquoi bien communiquer avec ses collègues ? Pour que travailler ensemble soit possible et de préférence agréable. Parce que c'est une compétence qui fait la différence, notamment dans l'affirmation de soi. Comment s'y prend-on ?

PAS DE PANIQUE !

Nous perdons nos moyens ? Nous sommes soudain submergée par le syndrome de la « tête vide » ? Rien de grave, nous sommes passée, à notre insu, sous l'effet du stress, en mode survie ! L'inquiétude nous a envahie et l'agitation brouille les pistes : notre cerveau émotionnel a pris les commandes et par conséquent celui qui fournit la logique des mots et des arguments perd du terrain… Retrouvons notre calme pour garder les idées claires. Respirons, repassons en mode rationnel et communiquons à nouveau !

Sur le sujet, d'innombrables recettes remplissent d'innombrables livres. Nous avons un large choix de techniques et de formations sérieuses à notre disposition pour devenir experte.

Retrouvons notre calme pour garder les idées claires. »

Nous rappellerons ici simplement quelques pistes de bon sens.

- Notre communication fonctionne mieux quand nous sommes calme.

- Notre communication sera meilleure si nous l'adaptons au contexte et aux personnalités en présence.

- Pas de violence, car on n'oublie jamais une humiliation, une agression verbale. Et soyons sûre qu'on saurait nous rendre la monnaie de notre pièce. S'affirmer n'est ni attaquer ni se défendre.

- Notre communication est multiforme : verbale, corporelle, écrite, visuelle, en tête à tête, collective… Dans notre équipe de travail, si nous le souhaitons, si nous en prenons soin, elle a le pouvoir d'inspirer le respect et de générer l'entraide.

- Beaucoup de choses vont sans dire, mais vont souvent encore mieux en les disant.

- Arrêtons de supposer, d'interpréter, de projeter nos pensées automatiques sur nos collègues, DEMANDONS ! Posons des questions, parlons-nous, travaillons vraiment ensemble grâce à une communication bienveillante, adulte et performante.

D'APRÈS LES TRAVAUX DE MARSHALL B.ROSENBERG

Quand un évènement nous fait monter dans les tours, qu'une explication doit avoir lieu, une arme existe, la Communication non violente (CNV) !

La bonne personne :
Il est non seulement inutile mais aussi contre-productif de nous plaindre du comportement d'un de nos collègues à d'autres personnes du bureau. Cela ne règle rien et risque de nous causer du tort. En revanche, en nous adressant directement à la personne concernée, nous gagnons son respect et des chances de trouver une issue.

Le bon endroit :
Veillons à ce que la discussion se déroule dans un endroit protégé et privé. Évitons les explications en public.

Le bon moment :
Notre collègue doit être disponible matériellement et émotionnellement. N'engageons pas la conversation à chaud ni en situation de stress.

Soyons factuelle :
... objective et précise. Plus nous le serons, plus la transmission sera efficace. Parlons des faits, nous ne sommes pas là pour accuser, mais pour exprimer notre point de vue, notre perception de la situation et trouver un compromis.

Exprimons notre ressenti :
Sans jouer la victime, en commençant nos phrases par le « je », qui n'engage que nous. Exemple : à la place de « tu as fouillé dans mes dossiers, tu es un fourbe », préférons « quand tu as emprunté le dossier Dupont sans me consulter, je me suis sentie trahie ».

Clarifions nos besoins et valeurs :
« J'ai besoin de travailler dans la confiance et la collaboration. »

Trouvons un accord :
« La prochaine fois que tu as besoin de ces informations, demande-les-moi, je t'aiderai avec plaisir. »

→ PROTÉGER MON TERRITOIRE

Il ne s'agit plus là de poser les limites, mais bel et bien de défendre notre champ d'action et nos attributions… car, en toutes circonstances, l'ingérence de nos chers collègues est une menace à ne pas prendre à la légère.

Vacances, congés maladie ou maternité, formation, simple baisse de régime, la bonne âme est là, tapie dans l'ombre, prête à empiéter sur notre territoire. Qui n'a pas connu l'envieux de service qui profite de notre absence pour prendre des initiatives sans y avoir été invité, ou fait avancer un dossier dans lequel il n'avait pas à mettre son nez ? Tout est bon à ses yeux pour être calife à la place du calife, ne serait-ce que quelques heures, et avoir le plaisir de mettre un pied dans notre zone d'action.

Pourquoi agit-il de la sorte ? Par frustration, pour se faire valoir de nos supérieurs, parce qu'il se croit indispensable, pense que le service ne peut pas tourner sans lui et qu'une absence de notre part ne peut être assimilée à ses yeux qu'à un abandon de poste ! Devant ce grave manquement, il apparaît soudain comme le sauveur de la situation…

Le manège est tellement évident que nous n'aurons pas de mal à repérer le coucou de service (vous savez, cet oiseau qui va pondre dans le nid des autres !). Face à ce genre d'attitude, la première option possible sera la fermeté. Bien évidemment, le scandale en public est à bannir, sous peine de faire passer notre colère pour un caprice d'enfant gâté qui hurle parce qu'on lui a volé son jouet. Dans ce genre de situation, c'est le face-à-face qu'il faudra privilégier, et surtout sans attendre… car, si nous laissons passer la moindre entorse, l'affamé de reconnaissance ne manquera pas en plus de nous reprocher d'avoir laissé faire !

C'est le face-à-face qu'il faudra privilégier, et surtout sans attendre... ”

Provoquons un entretien en tête à tête, sans animosité, mais sans non plus nous excuser de lui demander des comptes. Rappelons-lui calmement mais clairement que nous avons chacun des attributions et qu'elles ne sont pas interchangeables. Demandons-lui pourquoi il s'est cru obligé d'intervenir sans que nous lui ayons demandé quoi que ce soit et sans que les circonstances l'exigent spécialement... Le manque de courage qui caractérise généralement ce genre d'individus (rappelons-nous qu'ils n'agissent que lorsque nous avons le dos tourné) devrait vite le remettre sur le chemin de ses dossiers.

Et s'il persiste ? Remettons ça. À moins qu'il n'aille vraiment trop loin (dans ce cas, prévenons-le qu'à la prochaine incartade, les choses se régleront dans le bureau du supérieur, ce qui devrait vraiment calmer le peureux qu'il est), essayons de régler le problème seul à seul. Car, pris en faute par le chef généralement vénéré, le fauteur de trouble risque tout bonnement de devenir dangereux. Autant ne pas le pousser dans ses derniers retranchements et risquer l'irréparable, c'est-à-dire la faute qu'il aura eu soin de préparer méticuleusement avant de nous la mettre sur le dos. Méfiance donc, mais détermination...

Autre carte possible à jouer : la stratégie. Il veut un peu de pouvoir supplémentaire pour briller ? Laissons-le penser que nous avons besoin de lui en lui demandant de collaborer sur un dossier sans grand enjeu, histoire de le rassurer. À lui le sentiment d'être incontournable dans le bon fonctionnement du service puisqu'on a recours à lui... et à nous la paix ! Qui sait ? Rasséréné par cette

Faisons en sorte d'être irréprochable sur notre terrain. »

demande d'aide qui le valorisera, il pourra même, à la longue, devenir un allié. Mais attention, cette option peut se retourner contre nous en cas de conflit futur, car le gentil collègue ne manquera pas de rappeler aux instances supérieures que nous n'étions peut-être pas capable d'assurer seule nos fonctions puisque nous l'avons sollicité à plusieurs reprises (et là, soyons certaine qu'il aura tout consigné !)

Avant de repousser l'intéressé dans ses tranchées, faisons en sorte d'être irréprochable sur notre terrain. En effet, comment reprocher à un collègue quel qu'il soit d'être intervenu dans nos travaux en cours si nous sommes partie en les laissant inachevés ou sans instructions ? Si nous nous montrons consciencieuse dans notre travail, il y a fort à parier que l'envieux ira fouetter d'autres chats. Car ce qu'il traque avant tout, c'est la faille... Nous ne voulons pas d'intrusion ? Alors verrouillons notre manière de bosser !

Même chose, voire pire, pour le dossier « vie privée ». Car, dans ce domaine, tous aux abris : les curieux, les envieux, les « je me mêle de tout » pullulent sur les lieux de travail ! Si nous ne souhaitons pas que les collègues envahissent notre jardin secret, ne les tentons pas en jouant le jeu de l'impudeur.

Haro sur les photos de nos chères têtes blondes en fond d'écran (sympa pour la copine qui a raté sa dernière FIV), sur les dessins « Maman, je t'aime » du petit dernier, punaisés au mur (histoire de montrer qu'on est une mère formidable) ou sur le planning partagé avec, pêle-mêle, la réunion marketing de 11 h et le rendez-vous gynéco de 18 h 30. Si notre perso déborde sur notre boulot, rien d'étonnant à ce que les intrusions des uns et des autres soient légion.

Inutile d'afficher au mur notre tableau de famille sourire ultra bright devant une Guilaine en plein divorce ou nos dernières vacances aux Antilles (même si c'était une promo et que nous les avons payées en quatre fois sans frais) alors que le mari de Denise est au chômage depuis deux ans. C'est un choix à faire : si nous voulons la paix, restons discrète.

Idem quant à nos conversations : fendons-nous bien sûr de l'otite du petit dernier, histoire de ne pas faire du secret-défense à tout prix, mais gardons-nous de décrire en détail notre nuit d'enfer passée à nous occuper du chérubin, pendant que chéri ronflait à en faire trembler les murs ! Passons rapidement sur les humeurs de notre ado, sans pour autant annoncer qu'il sèche au collège ou qu'il a fait le mur le week-end dernier pour retrouver ses potes alors qu'il était privé de sortie…

Car, au moindre problème à venir, les commentaires iront bon train, les associations d'idées seront vite faites et se retourneront contre nous, peut-être même jusqu'à engager notre crédibilité : « Comment voulez-vous qu'elle gère correctement ses dossiers, elle ne tient déjà pas son gosse ! »

Laissons nos problèmes au porte-manteau, n'étalons pas nos états d'âme sur un lieu où rien n'est sous contrôle. Oui, bien sûr, nous avons le droit d'avoir des émotions, d'être plus ou moins gaie selon les jours, mais, de grâce, ne devenons pas une attraction quotidienne pour le service !

POUR ÊTRE BIEN AU TRAVAIL, SOIGNONS NOTRE VIE PRIVÉE

Déverser nos misères sur le bureau de nos collègues nous décrédibiliserait et la probabilité de le regretter est importante… Pour ne pas succomber à la tentation, nous devrons parfois faire acte de bravoure tant nous soulagerait de « vider notre sac ».

Un remède simple pour être plus forte : avoir engrangé une quantité suffisante d'énergie positive pour être capable au moment critique, de garder son sang-froid et de tourner sept fois sa langue dans sa bouche avant de se laisser aller aux discussions et jérémiades.

Où allons-nous trouver cette belle « énergie positive », très à la mode, mais qui semble plutôt rare ?

Dans l'équilibre des différents secteurs de notre vie : travail, vie personnelle, couple, famille, amis, loisirs … Ne mettons pas tous nos espoirs dans un seul domaine, au risque de mal supporter les contrariétés et autres résistances. Certains éléments nous ressourcent, ne les négligeons pas, ils sont notre oxygène et l'apnée, à long terme, est mauvaise pour la santé.

Prenons garde aux personnes auxquelles nous nous confions… les oreilles les plus attentives sont généralement les plus promptes à tout livrer au détour du premier couloir. Et puis rappelons-nous une chose : nous sommes là avant tout pour bosser.

N'oublions pas que nous sommes notre propre produit et que nous ne devons pas entacher notre marque. ”

Même chose pour les réseaux sociaux : comment ne pas susciter les questions ou les clins d'œil entendus le lundi matin, si nous avons passé le week-end à publier les photos de notre anniversaire un peu arrosé de samedi soir sur Facebook… et si bien sûr nous avons accepté la moitié de nos collègues en amis ? De nos jours, notre e-réputation est à surveiller autant que notre courbe de poids ! Restons maîtresse de notre communication… n'oublions pas que nous sommes notre propre produit et que nous ne devons pas entacher notre marque.

→ INSPIRER LA CONFIANCE

Si nous débarquons juste dans le service, n'attendons pas les majorettes et la fanfare pour nous accueillir : les collègues n'ont en effet aucune raison de nous aimer, étant donné qu'ils ne nous connaissent pas. Partant de ce postulat, il va nous falloir faire preuve de patience, d'humilité et d'ouverture… Et ensuite ? Continuer ! Car les relations harmonieuses et la confiance s'entretiennent au boulot comme dans un couple.

Nous bossons en open space et nous ne parvenons pas à nous concentrer à cause des conversations ? À nous d'annoncer la couleur et d'expliquer nos codes !

« JE TE FAIS CONFIANCE »

Quel comportement, quelles paroles, quelle attitude, quelles « preuves » cette personne nous a-t-elle donnés pour que nous puissions lui déclarer cette phrase qui sonne comme un avertissement : « Je te fais confiance ! » Faire confiance et être digne de confiance… Vaste, très vaste sujet, existentiel, philosophique, vital pour beaucoup d'entre nous. Bien sûr, à chacune de délimiter sa marge de sécurité.
Comment inspirer confiance ? En étant soi-même. En étant vraie. Simple, n'est-ce pas ? Oui, mais pas vraiment facile. Mettons en phase nos paroles, nos actes, respectons bien nos engagements et, enfin, affirmons-nous avec délicatesse et intelligence.

Nous n'avons pas été livrée avec le mode d'emploi et nos collègues ne peuvent pas deviner notre manière de fonctionner. Lorsque nous sommes sur un dossier important, prévenons que nous avons besoin d'un peu de tranquillité… cela évitera peut-être à Justine de venir nous raconter ses dernières peines de cœur ou à Sylvain de nous annoncer fièrement qu'il a gagné son tournoi de tennis la veille. Très vite, nous aurons repéré les boulets qui vampirisent notre temps !

Ne levons pas la tête au moindre éclat de rire, ne tendons pas l'oreille aux conversations si nous savons que ces distractions seront néfastes à notre travail. Mais attention, quand la pression retombe, sachons aussi participer à ce qui fait la vie du service, sous peine de nous voir rapidement mise de côté par le reste du groupe. Nous faisons du sport le midi ? Expliquons-le pour qu'on évite de penser que nous snobons les déjeuners entre collègues. En résumé : restons nous-même, gardons notre fonctionnement, mais ne les laissons pas sur la touche.

Un à un et en douceur, par des actes plus que par des paroles, nous allons devoir lever les verrous de leur suspicion... »

Car de quoi ont le plus besoin nos collègues ? De confiance, eux qui ne sont encore que méfiance à notre égard ! Inspirer la confiance va vouloir dire les rassurer, les remettre en sécurité : non, je ne veux pas tes dossiers, non je ne veux pas être la nouvelle meilleure copine de ta copine, non je ne veux pas devenir la chouchoute du patron... Un à un et en douceur, par des actes plus que par des paroles, nous allons devoir lever les verrous de leur suspicion, et rester en permanence vigilante sur ce sujet, que l'on ait deux semaines ou cinq ans d'ancienneté.

Dans les premiers temps, attachons-nous à connaître le prénom de chacun, histoire de leur montrer que nous leur accordons tous un même intérêt. Ensuite ? Faire ce qu'il faut avec sincérité pour qu'on nous trouve à la fois sympa, discrète et sans histoire. Du genre qui n'abordera jamais de sujet politique, religieux ou d'argent, pratiquera l'humour sans sarcasmes et restera loin des commérages...

→ ENTRETENIR DE BONNES RELATIONS

Finalement, le but, c'est que tout se passe au mieux, non ? Alors, travaillons (aussi !) pour ça. Une fois la confiance installée, gardons en tête les règles de base qui aident à installer l'harmonie. Ça marche? À nous le « happy business » et le plaisir d'aller chaque matin au bureau. Rien n'y fait? Au moins aurons-nous le sentiment d'avoir œuvré personnellement à une meilleure ambiance.

• Politesse et ponctualité

On les apprend à nos enfants, alors pourquoi perdre de vue les « mots magiques » qui mettent de bonne humeur? Bonjour, bonne soirée, à demain, merci, s'il te plaît doivent faire partie de notre vocabulaire de base. Mettons-nous toujours à la place de l'autre… Aimerions-nous qu'un collègue arrive, s'assoie directement à son bureau et se mette au travail sans avoir salué personne? Non, bien sûr. Alors, si nous ne voulons pas faire le tour du bureau pour dire bonjour chaque matin, efforçons-nous d'arriver dans les premiers. De plus, la ponctualité est un outil de confiance des plus probants… on sait qu'on peut compter sur nous car nous sommes à l'heure.

PERFORMANCE = CONCENTRATION – INTERFÉRENCES

Gérons les interférences sans brutalité, mais fermement. Aussi sympathique soyons-nous, nous serons jugée sur nos résultats. Demandons une bulle de calme pour finir une tâche, stoppons les bavardages, proposons de parler de ce sujet à la pause. Pour éviter la pression des délais qui se resserrent et risquent de nous mettre en vraie difficulté, adoptons cette discipline bienfaisante.

Une fois la confiance installée, gardons en tête les règles de base qui aident à installer l'harmonie. ”

• Respect

Plutôt que de piquer en douce l'agrafeuse de Sylviane et de l'oublier ensuite sur notre bureau, allons lui demander si l'on peut lui emprunter. Elle y verra là une marque de respect et saura au moins où la récupérer si nous ne lui avons pas rendue (ce qui, dans l'idéal, aurait dû être fait). Même chose pour la tasse de café ou les miettes de croissant qu'on a laissées sur le bureau d'un collègue : veillons à considérer l'autre si l'on souhaite que l'autre nous considère.

• Relations directes

Si nous avons une question à poser à Gérard, mais que la flemme nous prend d'aller le voir en direct parce qu'il est à l'autre bout du bureau… erreur ! Privilégions tout ce qui peut favoriser les rapports directs, car c'est ainsi que les (bonnes) relations se tissent au fil des jours. Là encore, on y verra de notre part une marque de respect et surtout la volonté de ne pas céder à la facilité. Attention toutefois à ne pas le déranger vingt fois par jour : groupons nos questions et attendons le moment opportun de les lui poser. Mieux ! Prévenons-le un peu en avance : « Pourra-t-on se voir 5 minutes après le déjeuner ? J'ai des questions sur le dossier Machin. » Nul doute que Gérard appréciera de ne pas être pris, en plus, au dépourvu…

• Sourire

Si le sourire forcé est repérable à des kilomètres, le naturel, celui qui fait partie de notre bonne nature, est à coup sûr un atout des plus efficaces pour maintenir une bonne ambiance au bureau. N'arrivons pas chaque matin de novembre en nous plaignant qu'il fait gris, c'est la saison !

BIEN SITUER LE CURSEUR DU NI-NI

NI EXCESSIVE…
NI TRANSPARENTE

NI TROP REVENDICATIVE…
NI TROP DISCRÈTE

NI IMPOSER SES OPINIONS…
NI LES TAIRE

NI ENVAHISSANTE…
NI EFFACÉE

NI BAVARDE…
NI MUETTE

NI RÉVOLUTIONNAIRE…
NI INSIGNIFIANTE

NI PROVOCATRICE…
NI CRAINTIVE

Pour celles d'entre nous qui ont un tempérament entier, ce conseil peut avoir l'air désagréable, et pourtant, le « juste milieu », la souplesse, l'ouverture, sont des atouts considérables. Ce que nous sommes est un choix, et plus notre positionnement se adaptable, toujours en cohérence avec nos valeurs, plus nous serons crédible pour affirmer qui nous sommes.

De même, ne pestons pas sur les embouteillages ou les odeurs du métro si nous sommes en ville, mais essayons plutôt de démarrer cette journée commune avec une attitude positive. Arrêtons de bouder comme des enfants parce que c'est le début de la semaine et, de grâce, fuyons le « Ça va comme un lundi » !

•Rituels

« Et si on s'instaurait un déjeuner du vendredi ? Chacun choisirait son lieu à tour de rôle… » On ne compte plus les bureaux ou les équipes en somnolence relationnelle ayant (re)trouvé la joie d'être ensemble grâce à ces petits riens qui font les repères d'un groupe. Parlons-en ensemble ! Trop lourd financièrement pour certains, le resto hebdomadaire ? Faisons-en un rendez-vous mensuel, ou remplaçons-le par les croissants du lundi matin qu'on apporterait chacun son tour, histoire de commencer la semaine par un bon moment, ou encore par un gâteau fait maison qui, aux yeux du groupe, mettrait en valeur celui ou celle qui l'a réalisé. Ne négligeons pas ces instants de partage, car ils sont nécessaires à la bonne marche d'un service.

• Générosité

Notre chéri travaille dans une grosse société et peut avoir des places de concert ou des entrées dans des parcs à prix réduit ? Plutôt que de nous en vanter et de faire saliver inconsciemment ceux qui n'ont pas les moyens de s'offrir ces moments de détente, proposons les opportunités qui se présentent à nos collègues… Non pour qu'ils nous soient reconnaissants, mais juste pour leur montrer qu'ils existent à nos yeux et que nous les considérons.

Des choses peuvent arriver à ceux qui attendent… mais uniquement celles laissées par ceux qui ont foncé.

— Abraham Lincoln

CHAPITRE 5

MES RAPPORTS AVEC MES SUBORDONNÉS

Nouveau job ou promotion, nous voilà à la tête d'un service, d'une équipe, d'un département, bref, ça y est… c'est nous la chef! Quelle attitude adopter avec nos subordonnés? Comment trouver la juste mesure et établir des relations satisfaisantes pour tous lorsque le rapport hiérarchique pointe son nez? Une chose est certaine: c'est à nous que revient le devoir d'installer la ligne qui déterminera – ou non – la bonne entente du groupe…

→ INSTAURER UNE AUTORITÉ NATURELLE

On l'a dit précédemment, l'autorité ne s'impose plus comme jadis par la simple obtention d'un titre de chef. En résumé : le grade supérieur ne fait pas le leader ! Aujourd'hui, la légitimité et l'autorité d'un responsable passent par l'adhésion de l'équipe au projet qu'il proposera. Car l'ordre descendant ne fait plus recette… Un subordonné peut s'impliquer, mais il ne signera plus de chèque en blanc à son dirigeant en suivant ses directives les yeux fermés.

Communiquons intelligemment par les mots et par nos comportements, ces derniers étant souvent bien plus convaincants. C'est le meilleur moyen d'inspirer, et d'être respectée.

Le leader d'un groupe, d'un service est reconnu pour ses qualités professionnelles, mais aussi humaines. Pourquoi ? Parce qu'il doit inspirer et non pas ordonner… Nous voilà donc face à un rôle de mentor, bien plus que de chef.

CONSEIL

Avant de chercher à rendre notre équipe plus performante, appliquons-nous à la rendre plus heureuse. C'est le meilleur carburant de la motivation et de l'implication. Pour cela, développons notre leadership, apprenons à transmettre notre vision, soyons joyeuse et exemplaire.

MANAGER/LEADER, ORGANISATEUR/VISIONNAIRE, DEUX EXERCICES DE L'AUTORITÉ

Manager	Leader
C'est un statut, une fonction.	C'est un savoir-être, un ensemble de capacités notamment relationnelles.
Son autorité vient de son positionnement hiérarchique.	Son autorité vient de la reconnaissance que le groupe lui accorde.
Mots-clés : Organisation Planification Encadrement Plan d'action Structuration du temps Contrôle des réalisations	**Mots-clés :** Vision stratégique Transmission de cette vision Inspiration du changement Initiation du mouvement = Motivation Influence Fédération de l'équipe

La meilleure option ? Soyons nous-même !

Plutôt que de chercher à impressionner ou à être parfaite, cherchons à être authentique, en phase avec ce qui compte le plus pour nous, intègre. Respectons qui nous sommes, acceptons d'avoir notre propre style de management.

Créons notre modèle, en allant bien au-delà des conseils et des leçons théoriques, c'est ainsi que nous serons la plus ajustée, la plus convaincante.

Mettons en perspective les qualités que nous décidons de développer et agissons massivement dans ce sens !

La confiance en soi s'apprend, via le coaching, les réseaux, bref... avec de l'entraînement. »

Alors, comment nous en sortir ? En dégageant d'entrée de l'assurance ! Car notre équipe aura besoin d'être rassurée. Rassurée de voir que nous avons une ligne directrice, que nous savons où nous allons, que nous sommes organisée pour cela, en un mot : que nous avons confiance en nous.

Nous y (re)voilà, nous direz-vous… Eh bien oui. Cette fameuse confiance en nous va devenir notre arme absolue dans notre recherche de légitimité à ce nouveau poste. Mais attention ! Comme toute arme, elle pourra rapidement se retourner contre nous si nous ne parvenons pas à l'utiliser ou à la trouver. Car, en acceptant ou en briguant un poste de supérieur hiérarchique, nous signons dans le même temps pour l'acceptation d'un regard sur nos projets, nos actions, notre manière de les mettre en place et de faire régner l'harmonie dans le service. Autant le savoir d'entrée, si nous ne sommes pas prête à essuyer quelques critiques, la tâche ne va pas être facile !

Et si nous ne parvenons pas à ignorer ce regard des autres qui nous a déjà tant de fois empoisonné l'existence ? Rien de dramatique : la confiance en soi s'apprend, via le coaching, les réseaux, bref… avec de l'entraînement.

Le leader est celui qui inspire la direction à prendre. Le manager la fait exister et respecter, tout en maintenant la cohésion du groupe. Soyons l'un, l'autre… ou les deux en même temps ! Mais quelle que soit notre place, restons celle sur laquelle on peut compter par tous les temps ! Rien de mieux que de passer de la vision à l'exécution, pourvu que l'entreprise y gagne, qu'on y trouve notre équilibre et notre épanouissement professionnel. Selon notre « solidité », il sera donc important en amont de réfléchir sérieusement à nos capacités face aux jugements extérieurs, si nous ne voulons pas y laisser notre santé.

→ SAVOIR ENCOURAGER ET FÉLICITER

Là encore, les temps ont changé… Avant, un travail bien fait était un acte « normal » et n'appelait aucun compliment. Seuls le ratage, la faute entraînaient un retour de la hiérarchie, en l'occurrence négatif. Pourquoi ? Parce que la motivation du salarié ne figurait tout simplement pas

LE POUVOIR DE DÉCISION

Nous sommes toutes dotées d'un pouvoir immense, celui de décider. Ce pouvoir nous appartient et il est à la source de toutes nos actions. Il oriente notre vie.

Pourquoi ne le connaissons-nous que si peu ou si mal ? Parce que décider nous engage (s'engager n'est pas un gros mot !) et, on nous l'a maintes fois répété, nous sommes responsable de nos engagements, nous devrons assumer nos décisions !

Qu'est-ce qui nous empêche parfois d'exercer notre pouvoir de décision ? Rien en réalité. Nous décidons d'agir ou de ne pas agir. Nous décidons de nous engager ou de subir. Que voulons-nous être ou devenir en tant que responsable de service, manager, patronne ? À nous d'y réfléchir et de décider.

sur la fiche de poste d'un supérieur ! On avait un boulot, on était là pour le faire (et le faire bien !), point. Et, surtout, on considérait que l'encouragement ne pouvait avoir pour unique conséquence que de voir l'employé lever le pied, tout heureux qu'il était d'avoir été félicité !

Aujourd'hui, une tâche correctement exécutée, un dossier convenablement traité nécessitent un feedback positif.

FEEDBACK POSITIF

Alors que nous attendions un retour sur notre travail, notre responsable nous a répondu : « Tant que je ne dis rien, c'est que ça va » ou « Mais bien sûr, ça va sans dire » ou encore « Évidemment que vous êtes dans les délais ». Qu'en avons-nous conclu ? Nous sommes-nous sentie gagnée par une énergie positive et l'envie d'avancer ? Pas vraiment ? Plutôt un peu déçue, un peu abattue et peu motivée pour aborder la suite de la mission.

Nous voulons de la collaboration dans notre équipe, de l'adhésion à nos projets ? Alors donnons régulièrement et spontanément du feedback positif ! Pas des tartines, une simple phrase, un mail, un signe, une marque de reconnaissance pour faire passer ce message qui fait du bien : « C'est du bon boulot. »

Beaucoup de choses vont sans dire, certes, mais nous l'avons remarqué, ça va souvent mieux en le disant !

Plus que la soumission ou la rébellion face à un ordre, ce sont maintenant l'adhésion et l'implication qui font avancer… Deux qualités qu'on ne peut obtenir qu'en rassurant le salarié sur ses capacités.

Nous devrons penser aussi à orienter les comportements de nos subordonnés vers le positif. ❞

Nous devrons donc penser aussi à orienter les comportements de nos subordonnés vers le positif. Comment? En n'oubliant pas d'encourager, de féliciter régulièrement nos troupes! Rien de tel pour libérer les tensions, installer une ambiance de confiance et être comprise lorsque nous aurons à remettre l'équipe ou un employé en ligne… Car, si le compliment fait partie de notre mode de fonctionnement, le reproche n'en sera que davantage accepté.

→ ÉCOUTER POUR GARDER DE LA VISIBILITÉ

Une place de leader ou de manager exige évidemment une grande capacité d'écoute de notre part. Parce que nous ne sommes pas des robots, il sera en effet impératif de surveiller du coin de l'œil un(e) subordonné(e) qui ne va pas bien…

Attention, nous avons dit « écoute » et pas « gestion du bureau des pleurs »! Ne devenons pas la Mère Teresa du service. Garder son humanité est une chose, devenir la psy ou l'assistante sociale de l'équipe en est une autre.

Bien sûr que Bénédicte en plein divorce, Jean-Claude en train de perdre son père, Leslie dont le fils de 7 ans est régulièrement hospitalisé ou Jocelyne, qui tire le diable par la queue dès le 15 du mois depuis que son mari a

AIDER OU JOUER AU SAUVETEUR ?

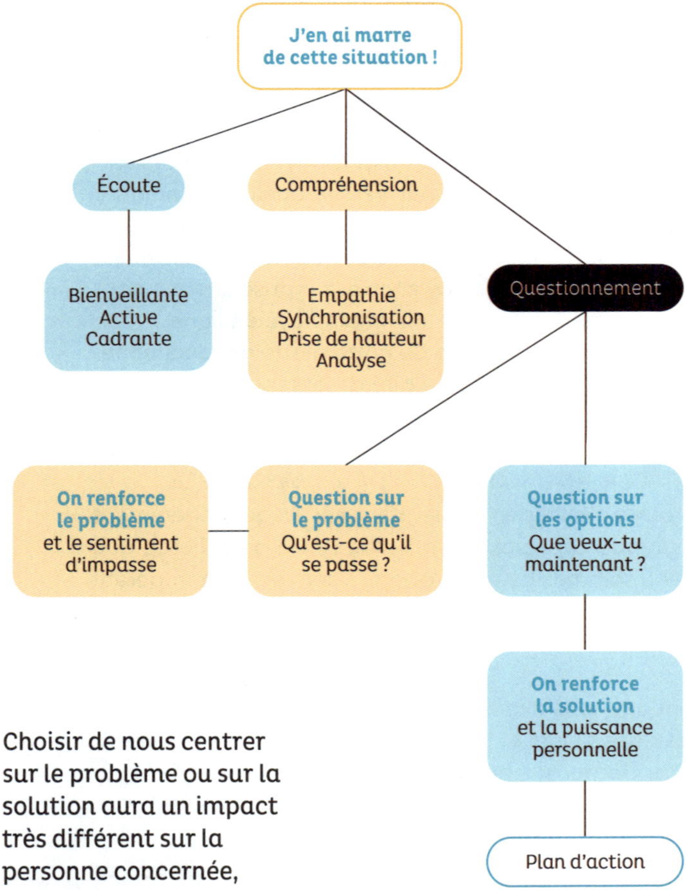

Choisir de nous centrer sur le problème ou sur la solution aura un impact très différent sur la personne concernée, sur l'équipe, sur nous et sur l'entreprise.

perdu son emploi, méritent toute notre attention, notre empathie et notre aide. Mais comment tenir compte de leurs problèmes sans mettre en danger le service ? En leur expliquant qu'ils pourront compter sur nous et que, de notre côté, nous devons nous aussi pouvoir compter sur eux… malgré leurs soucis.

Parfois, leur difficulté à répondre à nos besoins est simplement un manque de moyens. À nous, là encore, de repérer les employés qui peinent à rendre un dossier correctement ficelé ou à s'exprimer dès que deux personnes les écoutent. Ils ont peut-être juste besoin d'une formation ou simplement de conseils pour parvenir à atteindre leurs objectifs. Là encore, il sera important de dialoguer avec eux pour qu'ils expriment ouvertement leurs difficultés. Parler en public n'est pas naturel pour tout le monde : une formation de quelques jours peut transformer un timide en bon orateur grâce à quelques clés pour vaincre son anxiété. De même, un apprentissage en bureautique peut avoir été partiellement compris et poser des problèmes de mise en pratique. Une petite heure de remise à niveau par un collègue qui maîtrise le logiciel aidera à éliminer le souci dans la douceur.

Alors, de quelle manière pouvons-nous être à l'écoute ?

- Tout d'abord, soyons disponible ! N'hésitons pas à rappeler régulièrement que notre porte est ouverte et que nous sommes là (aussi) pour des entretiens informels.

- Prenons des notes (si nous sentons que ça ne bloquera pas le collaborateur, si le sujet n'est pas trop personnel). Ainsi, nous n'aurons pas à lui faire répéter toute son histoire lors de la prochaine entrevue.

• Ne l'assaillons pas de questions… Au contraire, sachons ménager des silences qui l'encourageront peut-être à aller à plus loin dans la « confession » du problème et nous permettront, à nous, de mieux comprendre son souci.

PAS DE CONSEIL SANS DEMANDE PRÉALABLE

Bien souvent, donner un conseil est perçu comme asséner un reproche, aussi fondé et bienveillant soit-il.

« Si elle me conseille cela, c'est que j'ai besoin d'aide » > donc « elle me trouve nulle ! » > donc je résiste, je réponds « oui mais… » et je me ferme aux conseils qui pourraient m'être précieux.

Mettons la bonne forme, la forme interrogative : proposons, questionnons. « Comment puis-je t'aider ? Qu'est-ce qui te permettrait de te sentir à l'aise dans ce projet ? Voudrais-tu un coup de pouce sur le dossier Dupond ? Comment as-tu prévu de t'organiser ? As-tu une question, une inquiétude au sujet de la présentation de mardi ? »

Et enfin, demandons tranquillement : « Puis-je te donner un conseil ? » C'est oui ? Voilà mon conseil. C'est non ? C'est OK aussi !

Respectons notre collaborateur, il saura au besoin revenir vers nous. Soyons prête à accepter sa réponse, quelle qu'elle soit. Un conseil est une aide précieuse, ne le gâchons pas en le transformant en une directive perçue comme contraignante.

- Bien écouter, ça s'apprend ! Entre l'écoute surinvestie qui nous implique plus qu'il ne faudrait dans le problème du collaborateur, nous faisant perdre au passage toute objectivité, et l'écoute indifférente qui consiste à le laisser parler en surveillant discrètement sa montre, ses mails ou son portable, il faut trouver un juste milieu qui s'appelle la bonne distance !

Nous nous inscrivons dans une démarche d'accompagnement, pas de thérapeute. ”

Accessible mais pas captive

Par une écoute de qualité, nous renforçons la relation, nous nourrissons la confiance, nous créons une certaine proximité. Les qualités de l'écoute managériale sont humaines, pratiques et stratégiques.

Dans notre écoute active, bienveillante, par notre posture d'adulte à adulte, nous donnons sa place à l'autre en gardant la nôtre. Nous nous inscrivons dans une démarche d'accompagnement, pas de thérapeute.

L'écoute est une compétence incontournable pour le manager, innée, acquise, en cours d'acquisition, quoi qu'il en soit, toujours à adapter et à améliorer.
Écouter ne signifie pas être inondée, envahie, vampirisée par les problèmes incessants de chaque collaborateur, écouter ne veut pas dire être captive, sous peine de paraître insensible. Écouter comporte un cadre qu'il ne tient qu'à nous de poser.

Écouter en finesse, écouter efficacement, sentir, écouter aussi son intuition, changer les tentatives de victimisation en responsabilisation. En écoutant vraiment, nous ne perdons pas notre temps et nous faisons beaucoup mieux que

Recadrer un collaborateur, l'amener à se confronter à son erreur, vont nous demander une infinie réserve de patience. ”

prendre le temps de parler. Nous nous donnons le temps d'échanger pour gagner du temps et de l'énergie plus tard.

Outre le fait d'accorder de l'attention à un collègue en difficulté, une bonne écoute nous aidera d'une part à anticiper (comment nous organisons-nous si les résultats des analyses de Jean-Paul ne sont pas bonnes et qu'il doit s'absenter deux mois?), et d'autre part à mieux connaître et comprendre ceux qui composent notre équipe (si Gérard tyrannise secrètement Jacques depuis quelques mois, cela explique peut-être les problèmes sur le dossier dont ils avaient tous les deux la charge).

En résumé, pour mieux voir, sachons écouter!

→ RECADRER, CONFRONTER, SANCTIONNER... SE SÉPARER

Manager, c'est également savoir arbitrer. Tâche d'envergure si l'on considère le nombre de conflits potentiels dans un service! Là encore, on va nous attendre au tournant. Notre capacité à éteindre le feu et à maintenir le dialogue dans notre équipe contribuera en grande partie à notre crédibilité.

Recadrer un collaborateur, l'amener à se confronter à son erreur vont nous demander une infinie réserve de patience, de diplomatie et d'objectivité. Il va nous falloir le ou la pousser dans ses retranchements pour lui faire prendre conscience de son manquement, mais pas de n'importe quelle manière, sous peine de voir notre service s'engager

dans une bataille rangée des « pour » et des « contre ». Alors comment parvenir à ce but? En sortant d'abord de l'émotion et en reprenant – même si c'est tout ce que nous détestons – notre place de chef. Attention: pas de chef qui donne des ordres, hurle et impose, mais de chef qui rappelle les règles et remet sur les rails. Pour ce faire, une solution: expliquer clairement à l'autre toute la chaîne des conséquences de son acte, quel qu'il soit. Sans colère, mais sans non plus nous excuser de devoir le rappeler à l'ordre, nous devons lui exposer l'embarras dans lequel il nous place, nous et le reste du service.

UTILISER LA « SAINE COLÈRE »

La « saine colère » est celle qui ne blesse pas l'autre et qui ne nous blesse pas. L'émotion « colère », comme toutes les émotions, est un message. La colère est très utile, elle nous signale qu'une valeur a été bafouée, c'est une alerte. Le message en lui-même est neutre, c'est sa manifestation qui est à négocier habilement et intelligemment. Inutile de crier, de bouillir, de faire la tête ou d'humilier l'autre pour maintenir le cap. Nous disposons de nombreux outils pour préserver ce qui nous semble important. Bien sûr, notre colère est légitime et nous devons exprimer notre désaccord. Cependant, faisons très attention aux conséquences d'un dérapage émotionnel qui nous décrédibiliserait aux yeux de nos collaborateurs. Un bon manager dit les choses sans détours, mais garde son sang-froid!

Notre autorité naturelle doit entrer en jeu et montrer tout son pouvoir. »

Bien évidemment, cette confrontation va nous mettre dans l'inconfort, car nous savons pertinemment qu'elle va générer des tensions, mais c'est un passage obligé de notre vie de manager ou de leader. Oui, on s'expose clairement à des ressentiments pour avoir pris telle ou telle position, mais ne perdons pas de vue que, si nous ne recadrons pas, nous laissons aussi passer une injustice vis-à-vis des personnes lésées… et que notre autorité naturelle va en prendre un sacré coup. Trancher est un risque à prendre, mais un risque qui au final va payer.

Et si rien n'y fait? Si, malgré toutes nos tentatives, le collaborateur refuse d'admettre sa faute, d'obtempérer ou de revenir dans le rang? Inutile de nous voiler la face: il faudra en passer par la sanction. L'idéal serait bien sûr de ne pas en arriver là, mais, lorsque nous parvenons au pied du mur, renoncer serait une erreur… parce que le reste du service attend aussi de nous que nous lui rendions justice ou que nous exigions de ce collègue ce que nous exigeons des autres.

Arrivée à ce stade, il est important que nous restions droite dans nos bottes: nous avons posé une règle, celle-ci n'a pas été respectée, si l'individu refuse de s'y plier, il faudra marquer le coup. Et c'est là que notre autorité naturelle doit entrer en jeu et montrer tout son pouvoir. En effet, si le collaborateur ne souhaite pas en arriver là, il comprendra instinctivement qu'il ne faut pas nous pousser jusqu'au point de non retour, tout simplement parce que nous sommes connue pour dire ce que nous faisons et surtout, faire ce que nous disons. Mais, s'il perçoit de notre part la moindre hésitation, notre interlocuteur se rendra compte

UN RECADRAGE S'IMPOSE ? FAISONS-LE DANS LES RÈGLES !

Pour cela, 4 maîtres mots : **OBJECTIVER, QUESTIONNER, REFORMULER, RECADRER**

- **Objectiver :** rappeler les faits (sans émotion), quel est l'objet de l'entretien.

- **Questionner** sur la situation. Un malentendu est si vite arrivé, il est toujours préférable de lever les doutes avant de décider des conséquences à suivre.

- **Reformuler**, pour être bien sûre d'avoir compris la perception de l'autre et son point de vue (toujours pas d'émotion, si possible !).

- **Recadrer :** rappeler le cadre, les règles, les accords passés, les responsabilités de chacun, factuellement.

QUELQUES PRÉCAUTIONS D'USAGE :

Prendre son temps, planifier le créneau, un recadrage serein ne se fait pas à chaud. Choisir un environnement propice à un échange sincère. Ne rien laisser dans l'ombre, il sera difficile de revenir sur le sujet, et personne n'aime se dire : « J'aurais dû lui dire ça, j'ai oublié de mentionner ça… » Préparons-nous.

Et rappelons-nous qu'un recadrage n'est en aucun cas un règlement de compte à O.K. Corral ; il s'agit simplement de mettre les choses au point en étant résolument dans une posture constructive. S'affirmer sans démolir l'autre, sinon c'est de la tyrannie. Et souvenons-nous que nous ne sommes pas une hyène !

qu'il peut en revanche s'engouffrer dans la faille : chantage, intimidation, charme, œil de cocker éploré… tout sera bon pour nous faire flancher et renoncer. À partir de là, il ou elle aura pris le dessus et l'affaire sera entendue.

Mais attention, dans ce genre de procédure, il conviendra de sortir couverte… c'est-à-dire de nous être auparavant assurée du soutien de notre hiérarchie dans l'application de cette sanction. En effet, être désavouée faute d'avoir prévenu nos supérieurs de notre démarche mettrait un terme à toute autorité, naturelle ou non, dont nous avons tant besoin pour manager une équipe. Cette perte de crédit ouvertement affichée serait en effet catastrophique pour notre crédibilité.

Redonnons du sens et des responsabilités

Resituons l'évènement dans le contexte et rappelons les responsabilités de chacun. Car chaque poste a une responsabilité associée. Chaque problème a un propriétaire. Dans notre démarche, essayons de faire passer notre collaborateur de la connaissance du problème à la conscience de son problème. Ce n'est qu'en ayant compris qu'il pourra peut-être accepter l'intérêt de changer.

En choisissant nos questions, nous le responsabilisons, nous lui restituons sa dignité de personne capable de faire un choix et nous lui ouvrons la possibilité de créer des solutions innovantes. Ne nous privons pas de cette issue réjouissante.

Donnons du sens à nos décisions, aux règles de l'entreprise, aux valeurs que nous souhaitons partager.

Être exemplaire ne fera qu'ajouter à notre autorité naturelle et à l'idée que l'on se fera de nous. ”

Pourquoi fait-on ça comme ça? Pourquoi insistons-nous sur la qualité, sur ce détail de finition, sur la communication téléphonique, sur le sourire d'accueil, sur les délais de livraison, sur la sécurité, sur le changement, la souplesse, l'amélioration continue, l'initiative, l'état d'esprit constructif, etc.?

Revenons dès que nécessaire sur le pourquoi, sur la raison d'être de notre entreprise, de notre service, de notre équipe et de notre place dans cette chaîne. Nous sommes ensemble pour vivre une aventure humaine et obtenir un résultat.

Et si, après tout cela, le glas avait sonné? Autrement dit, si la meilleure solution n'était pas de nous séparer de ce collaborateur? Bien évidemment, cette ultime étape doit être envisagée après toute la procédure recadrage-confrontation-sanction… Mais si, même en ayant passé toutes ces phases, le mal était encore à vif? Parfois, cette issue peut se révéler un mal pour un bien des deux côtés, et nous devons nous dire que ce genre de choses fait aussi partie de la vie d'une entreprise.

Le principal sera de faire proprement notre travail de manager en nous séparant de manière correcte du collaborateur, quels que soient sa faute, sa réaction et son état d'esprit. Même si l'on sait que ce départ assainira l'ambiance et que l'équipe repartira soulagée, nous nous devons d'y mettre les formes et de rester respectueuse de la procédure, comme de l'individu.

Et même si ce départ est souhaitable pour tous, ne perdons pas de vue qu'il déséquilibrera inévitablement le service, du moins pendant un temps…

Si c'est nécessaire, si nous sentons que nous marchons sur des œufs ou que nous ne maîtrisons pas totalement le sujet, faisons appel à un avocat. D'une part pour savoir ce que nous avons exactement le droit de faire, d'autre part pour montrer que nous ne sommes pas dans la vengeance personnelle, mais dans la stricte application de la loi. Nous ne pouvons nous autoriser une erreur de bienveillance ou de naïveté, n'oublions jamais que nous avons nous aussi des objectifs à atteindre.

Il y va là encore de notre crédibilité. Être exemplaire ne fera qu'ajouter à notre autorité naturelle et à l'idée que l'on se fera de nous.

Je crois en la chance
et je m'aperçois que
plus je travaille dur,
plus elle me sourit.

— Thomas Jefferson

CHAPITRE 6

LES SITUATIONS PARTICULIÈRES

Parce qu'ils sont notre quotidien, nous nous devions d'évoquer tous ces cas particuliers rencontrés dans le monde du travail… Au cours de notre carrière, impossible de ne pas nous retrouver dans l'une ou l'autre (ou même plusieurs) de ces situations « à problèmes » qu'il nous faut savoir négocier au mieux si l'on ne veut pas qu'elles nous portent préjudice… ou qu'elles nous coûtent carrément notre poste ! Là encore, tous ces scénarii sont à conjuguer au masculin ou au féminin selon le cas de figure, et à resituer dans leur contexte (bureau, usine, magasin, collectivité, etc.). Mais sachons globalement qu'au bout du compte, la méthode et les choix à faire seront les mêmes…

→ MON PATRON ME DRAGUE

Au début, on trouvait ça plutôt sympa d'avoir un chef vraiment cool, avec qui le boulot était devenu un plaisir…

Et puis, plus les jours passent, plus les appels du pied deviennent insistants. Je rêve ou Jean-Michel me drague ? Eh bien non ! Le déjeuner de travail sous prétexte de faire le point sur un dossier en cours, les allées et venues intempestives dans notre bureau, pour un oui, pour un non (ou les convocations dans le sien), le verre qu'il nous propose en fin de journée alors que tous les collègues sont déjà partis, ses vagues allusions à ses problèmes de couple, tout cela aurait dû nous alerter, mais trop tard… Qu'allons-nous faire de cet amoureux désormais transi ?

Nous sommes là devant une situation classique, mais pas moins délicate pour autant. Comment réagir face à ces avances de plus en plus claires qui ont déjà dû alerter les fins limiers du cancan ?

Tout d'abord en faisant un choix : avons-nous oui ou non envie de répondre aux sollicitations du fameux Jean-Michel ? La prudence nous dirait de passer tout droit notre chemin devant ce terrain miné et, quelque part, elle n'aurait pas tort. Car, si l'idylle tourne au vinaigre, la situation risque fort de devenir délicate et le chef cool pourrait se révéler chef grognon, voire pire ! Mais, en même temps, qui ne risque rien n'a rien. Si nous en pinçons réellement pour le Jean-Mimi en question, alors le cœur nous dira de plonger tête la première dans une aventure pas forcément sans lendemain.

> Si l'idylle tourne au vinaigre, la situation risque fort de devenir délicate. »

Les chiffres sont là : un tiers des couples se forme sur le lieu de travail. C'est donc la preuve que certains s'y sont risqués et qu'ils ont eu bien raison de le faire ! Si nous optons pour la *business love story*, restons extrêmement prudente malgré tout. Un mot d'ordre devra nous guider quoi qu'il advienne : la discrétion. Car, si nous commençons à roucouler toutes voiles dehors devant nos collègues, gare aux commérages et aux jalousies. Nous passerons alors dans le clan ennemi, car nous deviendrons la taupe, accusée de livrer sur l'oreiller tous les secrets du service et protégée quoi qu'il se passe de toute faute.

Discrétion à exiger également du tourtereau numéro 2 ! Expliquons d'entrée au nouveau chéri que nous ne voulons en aucun cas perturber la bonne entente de l'équipe et qu'il est impératif de faire profil bas. Donc pas d'œillades enamourées, de sourires complices ni d'allusions même légères, encore moins de convocations dans un bureau fermé pendant une demi-heure avec ordre « qu'on ne nous dérange sous aucun prétexte ». On la joue sobre et contenue.

Mais que faire si nous n'avons aucune attirance pour celui qui devient alors « ce pauvre Jean-Michel » ? Y aller en douceur car là, c'est sûr, il va falloir marcher sur des œufs pour ne pas froisser l'ego du boss !

Comment procéder ? En ne l'attaquant surtout pas de front du style : « J'ai bien vu votre petit manège, mais vos avances ne m'intéressent pas. » Au contraire, avançons prudemment dans le message à faire passer.

Nous sommes en couple (et heureuse) ? Magnifique !

Ce sera là notre meilleure arme. Glissons de temps en temps un compliment sur notre chéri, sur nos enfants, sur les joies de notre vie de famille. Assurons qu'ils sont tout pour nous et que nous avons besoin d'eux, qu'ils sont notre oxygène… Si le boss n'est pas idiot (ou alors c'est qu'il est totalement raide dingue de nous et qu'il n'entend déjà plus rien !), il comprendra que nous ne sommes pas partante pour une liaison et nous remerciera peut-être intérieurement de l'avoir éconduit sans aucune allusion à son comportement.

Si nous sommes célibataire, mais toujours sans aucune envie de partager les nuits de Jean-Mimi, pas de panique !

Inventons-nous un fiancé hors pair, doté de toutes les qualités, à qui George Clooney n'aura rien à envier et qui, d'entrée, ne laissera aucune chance au prétendant de rivaliser…

Et si, malgré tout cela, rien n'y fait ?

Alors il faudra en passer par une conversation un peu plus directe où nous lui dirons que nous apprécions réellement de travailler avec lui, mais que nous ne sommes pas libre et que nous souhaitons nous en tenir au domaine professionnel. Sans animosité, mais avec clarté, pour qu'il n'ait aucun doute sur notre détermination…

Si, après ça, rien ne change (et que même les choses empirent), annonçons-lui cette fois fermement que la prochaine fois que nous lui parlerons, ce sera par DRH interposé. Bien évidemment, cela risque de mettre de la distance, voire des difficultés certaines dans nos relations futures… et même de nous conduire au clash. Mais nous ne devons en aucun cas laisser dégénérer son comportement s'il nous offusque ou nous indispose, sous prétexte de ne pas perdre notre job. Cela s'appelle du harcèlement et, si nécessaire, rappelons-lui que c'est puni par la loi.

→ J'AI UNE RELATION AVEC UN COLLÈGUE

Gérard, ça n'est pas le boss, juste le collègue du service d'à côté. Mais que voulez-vous, la chair est faible : nous avons craqué. Ça se passe plutôt bien, mais nous savons parfaitement que les « aventures » sont mal vues, voire interdites sur le lieu de travail. Alors, comment faire pour pouvoir vivre une histoire sans se faire pincer au boulot ?

Là encore, un seul maître mot : la discrétion. On ne vantera jamais assez les avantages qu'il y a à la boucler ! Si nous sommes totalement gaga de Gérard (et réciproquement !), aucun problème, mais notre love story doit impérativement rester au porte-manteau, car toute interférence risquerait de nous nuire. Donc, pas de conversations à voix basse devant la machine à café, pas de place systématique l'un à côté de l'autre au self, et surtout, surtout… pas de confidences aux autres collègues, même si on nous fait des allusions plus ou moins lourdes !

Déjà que Josy et Jean-Claude avaient repéré mine de rien que nous arrivions souvent à la même heure sur le parking (ou par le même métro), et que, comme par hasard, nous étions revenus aussi bronzés l'un que l'autre en plein mois de février de la même semaine de vacances, inutile de leur donner d'autre grain à moudre. Pour vivre heureux, vivons cachés… Cette phrase pleine bon sens n'a pas été inventée pour les chiens.

→ JE SUIS ENCEINTE

Ça n'était vraiment pas le moment vis-à-vis du planning… mais c'est comme ça. Nous sommes enceinte et nous avons envie de l'annoncer à la terre entière tant nous sommes heureuse.

Sauf que la naissance du chérubin est prévue pile en plein milieu du salon international, qui est le moment phare de l'année pour notre service. Tout cela ne serait pas un problème si nous n'étions pas en charge de l'organisation…

ÇA TOMBE MAL !

Embarras identique si nous devons accoucher au même moment qu'une autre collègue, si nous venons d'obtenir une promotion, ou si la boîte est en plein rachat.

Qu'on se le dise, ça tombera toujours mal, et il y a des chances qu'on nous le fasse sentir. Pour certains (et malheureusement certaines !), une naissance qui se profile, c'est six mois d'absences ponctuelles et d'arrêts intempestifs, quatre mois de congé (quand on ne nous dit pas « de vacances » !) et au retour, une productivité diminuée par les nuits blanches, en plus des rhino, otites, gastro et bronchiolites en tous genres. Même si les esprits évoluent, on risque de ne pas y échapper !

Alors, comment rendre cette annonce positive ?

> Gardons à l'esprit que plus de 500 000 bébés naissent chaque année en France. ”

En ne perdant jamais de vue que c'est avant tout une bonne nouvelle ! Oui, quel que soit notre job, on risque de nous faire sentir neuf fois sur dix que notre congé maternité va poser un gros problème à l'entreprise. Mais gardons à l'esprit que plus de 500 000 bébés naissent chaque année en France et que le monde (y compris notre boîte) continue de tourner.

Comment procéder ?

En y allant préparée et surtout pas dans la précipitation. Si c'est hier soir que notre test de grossesse nous annoncé la belle nouvelle, rien ne presse. Inutile d'alerter la terre entière car il est bien trop tôt. Gardons ce bonheur pour nos proches dans un premier temps et attendons que les éventuels problèmes des tout premiers mois soient écartés. Une fausse couche sera moins difficile à vivre au bureau si personne ne savait que nous étions enceinte…

Nous sommes à deux, trois mois et tout se passe bien ? Les collègues les plus perspicaces commencent à fixer notre ventre qui s'arrondit ? C'est parti ! Une personne à prévenir en priorité : le boss, qui ne doit en aucun cas apprendre la nouvelle par radio couloirs. Choisissons notre moment : si nous avons perdu un client la veille ou s'il vient d'apprendre qu'il n'a pas décroché le contrat qu'il convoitait, remettons l'entretien à plus tard pour ne pas arriver comme une « mauvaise nouvelle » de plus.

Il est de bonne humeur? C'est le moment! Demandons-lui un entretien et annonçons-lui avec un sourire radieux que nous attendons un bébé. Au besoin, préparons un petit document informel où nous aurons consigné nos dates de congé maternité et, éventuellement, la manière dont nous envisageons la réorganisation de notre service durant notre absence. Il verra que, malgré cet événement personnel, nous ne nous désintéressons pas de la vie de l'entreprise. Car, dans ces moments-là, un patron a juste besoin d'être rassuré…

Et s'il réagit mal?

Laissons le feu retomber. Continuons notre travail comme si de rien n'était, il faudra bien qu'il se calme. En aucun cas nous ne devons lui laisser le loisir de gâcher notre plaisir…

SURTOUT, PENSONS ET AGISSONS POSITIF!

Faisons grâce de nos nausées ou de nos petits tracas de future maman. Restons élégante, de bonne humeur.

Prouvons qu'une grossesse n'est ni une maladie ni un problème pour l'entreprise.

Écartons toute culpabilité… s'il nous a embauchée, nous, jeune femme en âge de procréer, c'est qu'intrinsèquement il acceptait déjà cette éventualité.

→ MON SUPÉRIEUR ME DEMANDE QUELQUE CHOSE D'ILLÉGAL

Comptes trafiqués, attestation bidon, faux témoignage… ça ne sent pas bon. Que les choses soient claires d'entrée : même si notre boss est le plus sympa, le plus cool de la terre, participer de près ou de loin à ses combines illégales (c'est-à-dire juste rédiger un courrier ou établir une facture, même si nous obéissons à un ordre) nous rend illico complice de l'acte frauduleux dès la première incartade.

À partir de là, comment réagir à une demande pas très réglo ? Globalement, trois choix s'offrent à nous : accepter, refuser ou partir.

Accepter ?

Gardons-nous-en bien, même si l'arnaque, genre heures supplémentaires payées en espèces, nous rendrait – avouons-le – plutôt service. Les bénéfices seront bien minces au regard des ennuis qui nous attendent si la supercherie est mise au jour. Associée à cette corruption, il sera très difficile de sortir sans dommages de cette affaire dans laquelle nous aurons trempé.

Refuser ?

Oui, et sans hésitation ! En expliquant à notre boss que nous ne voulons pas entendre parler de ce genre de pratiques. Et en ne craignant pas les représailles… Que pourrait-il en effet nous reprocher s'il souhaitait nous sanctionner, suite à ce refus ? On ne prend pas le risque d'aller aux prud'hommes parce qu'une employée n'a pas voulu établir un faux document ! La balle est dans notre camp et nous devons en profiter sans pour autant nous en servir, c'est-à-dire le faire chanter… Bien sûr, nous n'en parlons à personne, nous voyons comment les choses évoluent

Comportements inopportuns, réflexions bien lourdes, regards mal placés, la batterie complète du sexisme au boulot. ”

et nous restons vigilante. Ou alors, plaçons-le devant ses responsabilités en lui disant : « Je ne suis pas d'accord avec cette pratique, mais, si vous le voulez vraiment, mettez-moi toutes ces consignes par écrit ! » Cela évitera tout débat et réglera clairement la question.

Partir ?

Évidemment… Notamment si nous sentons que ce qui se trame est grave et qu'on est passé au-delà d'un certain niveau. Demandons un licenciement, une rupture conventionnelle qui nous fera couper les ponts avec l'arnaqueur en question et qui nous évitera de l'accompagner en prison, le moment venu. Si les choses s'enveniment, faisons-nous aider d'un avocat.

→ MON COLLÈGUE EST MACHO

Au début, on a juste cru qu'il plaisantait et puis non, plus de doute : Jean-Claude est un macho de première catégorie. Hé oui, pour certains de nos amis « mâles », c'est encore inscrit dans les gènes. Comportements inopportuns, réflexions bien lourdes, regards mal placés, la batterie complète du sexisme au boulot est rassemblée.

Les bonnes blagues aussi grasses que le poulet de la cantine, les gestes qui frisent l'insupportable, les sourires narquois et les clins d'œil prêts à nous déshabiller, on connaît… malheureusement. Et, là-dessus, pas grand-chose à faire. Mais alors, comment y répondre et quelle attitude adopter ?

Nous ne sommes pas des oies blanches, mais tout de même : devant les réflexions incessantes du fameux Jean-Claude, un recadrage s'impose. À partir de là, deux écueils sont à éviter : rire avec lui de ses bonnes grosses blagues et devenir son pote de chantier (pas très flatteur pour nous, et surtout très encourageant pour lui, qui du coup va se trouver drôle !), ou bien renoncer à notre féminité sous prétexte qu'il s'intéressera moins à notre cas. Non, non et non ! Pas besoin d'adhérer au MLF pour refuser ces solutions. En aucun cas nous ne devons changer de comportement comme de tenue. Pourquoi ? Parce que l'attitude de Jean-Claude est inadmissible et que c'est à lui de faire machine arrière.

Les bonnes blagues de Jean-Claude doivent se compter sur les doigts des deux mains. Globalement, ça n'est pas l'imagination qui brille dans ce domaine. Consignons-les jour après jour, classons-les par genre et préparons nos réponses !

QU'ON SE LE TIENNE POUR DIT

L'inacceptable se règle dans le bureau du DRH ou du patron et ce, sans attendre, mais pour ce qui concerne la balourdise de Jean-Claude, il existe quelques moyens bien plus efficaces… et plus flatteurs pour nous. En effet, quelle attitude plus gratifiante pour une femme que de régler elle-même ses comptes avec un macho, sans se faire aider ?

Car c'est là la clé de notre réussite : la repartie. Nous n'en avons pas ? Pas grave… ça se travaille. Et l'intéressé en sera d'autant plus sur le flanc lorsque, silencieuse depuis le début, nous lui assénerons un beau matin un petit râteau savamment concocté.

Le secret ?

Prendre toutes ses phrases au premier degré et surtout, surtout, garder le sourire. À son « Bonjour, ma belle » libidineux, répondons par un « Bonjour, mon beau » un rien ironique et si ridicule que tout le service sera mort de rire ! Et, lorsqu'il nous demandera si notre « réunion chiffons » entre trois femmes du service est terminée, félicitons-le devant toute l'équipe d'une petite tape sur l'épaule : « Merci, cher Jean-Claude, pour cette élégante remarque qui ne manquera pas de faire grandir l'entreprise. » Ou alors, invitons-le à répéter ce qu'il vient de dire… Il y a fort à parier après ça qu'il se calme et, surtout, qu'il nous redoute !

Gardons-nous bien de demander de l'aide aux instances supérieures (sauf si, comme nous vous l'avons dit, les faits sont impardonnables, diffamatoires ou qu'il s'agit de harcèlement). Faire régler le problème par quelqu'un d'autre ne ferait que nous rendre plus faible aux yeux du macho (a fortiori si l'aide vient d'un homme !) et n'oublions pas que le sexisme n'apparaît pas dans le code du travail. Réservons-nous la jouissance de la riposte tout sourire qui, peu à peu, fera reculer notre macho… et, surtout, serrons-nous les coudes entre filles.

Et n'oublions pas que nous disposons d'un arme redoutable : le travail. Ripostons par la compétition des compétences, l'atteinte d'objectif, et calmons-le avec nos résultats de « sexe faible » !

→ MA COLLÈGUE EST JALOUSE DE MOI

Est-ce parce qu'elle rêvait du mètre soixante-dix que la nature nous a donné, qu'elle convoitait la place que nous venons d'obtenir, ou parce que le chef nous a plutôt à la bonne et pas elle, ou encore parce que nos dossiers sont bouclés plus vite que les siens? Mystère... Toujours est-il que Josy, c'est évident, ne peut pas nous encadrer! Ses bonjours du matin sont à peine perceptibles, ses au revoir inexistants puisqu'elle saisit toujours le moment où nous sommes au téléphone pour partir; quant aux rares conversations que nous partageons, que dire sinon qu'elles sont juste pour elle l'occasion de nous envoyer gentiment une ou deux réflexions pas forcément flatteuses. En résistance permanente, notre Josy semble nous en vouloir depuis... la veille de notre arrivée!

SE POSER LA BONNE QUESTION!

Ai-je pu, même sans m'en rendre compte, la blesser ou avoir juste été maladroite avec elle?

Passons en revue les quelques sujets sur lesquels nous avons eu à travailler en commun ou les conversations plus personnelles que nous avons eues en groupe...

Si nous ne nous rappelons pas l'avoir ouvertement blessée ou mise dans l'embarras, il n'y a aucune raison (en tout cas de mémoire) que Josy nous traite de cette manière, d'autant que nous sommes la seule à qui elle inflige ce gracieux traitement.

Que faire devant une mine si réjouie de nous revoir chaque matin? Deux choses: en parler avec elle ou l'ignorer. La seconde pouvant être envisagée après l'échec de la première!

Il est donc urgent de rétablir la communication et d'engager une discussion. Attention! Ne perdons pas de vue que nous avançons en terrain miné et que la moindre fausse note sera interprétée comme un affront de plus. Donc, préparons soigneusement auparavant la manière dont nous allons l'aborder… et préférons un « J'aurais voulu te parler, ça te dit d'aller prendre un café? » plutôt qu'un « Il faut qu'on parle! ». Ensuite, avouons-lui notre incompréhension: nous nous rendons bien compte que quelque chose ne va pas, mais nous avons beau chercher, nous ne voyons pas. Et, surtout, envisageons rapidement le fait que cette mésentente peut venir de nous: peut-être avons-nous dit ou fait quelque chose qui a pu la heurter, auquel cas ce serait totalement involontaire… ou alors, si nous lui avons « piqué » le poste qu'elle désirait, mettons cartes sur table.

À partir de là, ou l'abcès se crève et nous découvrons le fond du problème, ou notre Josy se ferme comme une huître et nous revenons à la case départ. Si par bonheur nous parvenons à percer le secret du courroux et que nous le trouvons ridicule ou anodin, n'en tirons pas de conclusions hâtives. Bien souvent, le souci arrivera tout droit d'une blessure non cicatrisée devant laquelle nous aurons juste provoqué l'effet miroir. En résumé, si Josy a été humiliée à l'école à cause de sa petite taille et que nous portons fièrement notre fameux mètre soixante-dix, nous sommes sans l'avoir voulu le rappel de ce qu'elle a toujours souffert de ne pas être… À partir de là, rien de ce que nous ferons ou dirons ne sera recevable à ses yeux puisque nous sommes grande!

Si Josy nous a dans le nez, Arlette, elle, est une vraie glu !

Pas un jour sans qu'elle nous demande où l'on va déjeuner, sans qu'elle ne nous raconte ses histoires de cœur et pas une semaine sans qu'elle nous propose un ciné « entre filles » un soir ou un massage au spa pour lequel le CE nous a eu des réduc !

Au secours, je ne veux pas être la meilleure amie d'Arlette, ni même sa copine ! Collègue de bureau me suffit largement. Alors, comment tenir à distance cette fille en telle demande de tout qui commence à nous étouffer ?

La subtilité dans ce cas de figure va consister à poser des barrières et à délimiter les limites de notre territoire infranchissable, sans avoir l'air de la rejeter... sous peine de la voir rejoindre le clan de Josy !

Il va donc falloir déterminer précisément ce qu'il est hors de question qu'elle partage avec nous (notre intimité familiale, nos soirées, nos week-ends...) et ce qu'il va falloir lâcher comme lest pour qu'elle ne se sente pas exclue de toute possibilité de se rapprocher de nous. En gros, avoir l'air de collaborer sans se faire happer.

Elle veut se faire son fameux ciné « entre filles » (sous entendu : toutes les deux !) ?

Prétextons des soirées occupées entre les devoirs des enfants, notre chéri qui rentre tard... Faisons-lui comprendre en filigrane qu'une fois sortie du boulot, c'est la famille qui prime. Si nous sommes célibataire, parlons mine de rien du bonheur des soirées pyjama devant une série télé ou un bon bouquin, ou bien de nos nombreux copains et copines avec lesquels nous dînons souvent, inventons-nous un chéri mystère que nous ne pensons qu'à retrouver après le bureau, bref : faisons état (sans trop de détails toutefois) d'un emploi du temps où elle n'a pas sa place.

Comment faire alors pour qu'elle ne nous en veuille pas de ne pas accéder à ses demandes ?

Proposons de temps en temps d'aller au resto, dans les magasins, voir une expo pendant l'heure du déjeuner. Mais proposons-lui à elle... et à d'autres ! L'important est de ne pas lui laisser d'impression d'exclusivité vis-à-vis de nous. À force, voyant qu'elle ne peut rien nous reprocher puisque nous ne la rejetons pas, mais qu'elle se retrouve un numéro parmi les autres, elle se découragera – peut-être...

Les couples qui parviennent à mettre en place une vraie frontière entre boulot et vie privée ne sont pas légion. »

Et si le froid provient tout droit d'une parole ou d'un acte malheureux, faisons profil bas et présentons-lui nos excuses. Non, nous n'avons pas voulu cela et nous sommes désolée de l'avoir froissée sans nous en rendre compte. Dès lors, nous deviendrons peut-être la meilleure copine de bureau de Josy qui sera finalement soulagée d'avoir vidé son sac et d'avoir constaté que nous ne lui en voulions pas personnellement !

Et si rien n'y fait après tout ça ? Si le mystère reste entier ou si Josy continue de penser que nous sommes la femme à abattre, que faire ? Il faudra malheureusement nous résoudre à l'ignorer. Ce qui la mettra dans une situation beaucoup plus inconfortable puisqu'elle constatera qu'elle n'a plus d'emprise sur nous. Au moins aurons-nous la sensation d'avoir fait un pas pour que ça s'arrange…

→ MON MARI TRAVAILLE DANS L'ENTREPRISE

Attention, danger ! Travailler dans la même entreprise que notre compagnon n'a pas forcément que des avantages, loin de là. Les couples qui parviennent à mettre en place une vraie frontière entre boulot et vie privée ne sont pas légion. Bien souvent, les conflits de la journée ressurgissent entre la poire et le fromage, voire sur l'oreiller… et inversement !

Si nous évoluons dans un service différent, la situation peut se révéler plus « pacifique ». Car même si nous nous croisons plusieurs fois par jour, nous ne sommes pas en contact direct et permanent, ce qui nous permet d'avoir, le soir venu, des choses à se raconter. Mais, si nous sommes amenés à travailler dans le même espace, alors il va nous falloir beaucoup d'amour, de patience et d'intelligence pour ne pas voir notre love story trépasser sur l'autel de notre job.

Certains couples nous diront que c'est tout à fait réalisable et s'ils y parviennent, c'est qu'ils ont raison ! Mais, avouons-le, cette situation n'a rien d'évident.

SUPÉRIEUR OU SUBALTERNE

Dans le cas ô combien délicat d'un rapport de subordination avec notre cher et tendre, alors là, bienvenue au royaume du risque maximum ! Voir partir son mari (dont nous sommes l'assistante) déjeuner avec la nouvelle directrice commerciale peut à la longue être une source de conflit... surtout si, le soir venu, le chéri ne pose pas au vestiaire sa casquette de chef et qu'il nous donne des consignes pour le dîner comme si nous étions encore sa secrétaire.

A l'inverse, se retrouver la supérieure de son conjoint peut le placer aux yeux de ses collègues (notamment notre fameux Jean-Claude, roi des machos) dans une position d'infériorité qui risque de remettre en cause son autorité ou sa crédibilité au sein même du service. Car un homme qui reçoit des ordres d'une femme – qui plus est de la sienne ! –, dans l'esprit de certains, c'est encore contre nature !

Les rapports entre mari et femme se mêlent à ceux de deux collègues et, à force, on risque la confusion des sentiments. Un jour on se sert d'éléments personnels pour coincer le professionnel et, le lendemain, on reproche au compagnon d'agir en contradiction avec son attitude au boulot… Sans compter le comité des commères qui aura tôt fait d'allumer la mèche au moindre début de conflit et qui se régalera d'une altercation entre notre chéri et nous, pensant être le témoin privilégié d'une engueulade de couple…

Face aux situations réellement inconfortables que ce rapport particulier peut engendrer, mieux vaut faire le choix pour l'un des deux de trouver un autre emploi, dans le simple but de préserver son couple.

→ UN COLLÈGUE M'ATTAQUE EN FRONTAL… ET EN PUBLIC

On le sentait venir, mais jamais on n'avait imaginé qu'il irait si loin… Gérard (ou Jean-Claude, ou Josy ou Karen…) est carrément en train de nous attaquer bille en tête devant tout le service, avec une telle violence verbale que nous restons sans voix. Pourtant, il va bien falloir réagir. Mais comment ?

L'énorme erreur à ne surtout pas faire : hurler plus fort que lui. Ce comportement ne pourrait qu'engendrer une escalade de violence totalement inutile, démesurée et insupportable pour notre entourage.

Essayons le plus possible de garder notre calme. Rien ne sert de répondre (pour l'instant) puisqu'il ne nous écoutera pas. Le mieux sera alors de le laisser sortir tout ce qu'il a à dire, au moins ne pourra-t-on pas nous reprocher d'avoir contribué à l'énerver davantage ! De son côté, le sac sera vidé et nous pourrons passer à l'étape suivante.

Si, dans cette attaque frontale, des propos ne peuvent passer sans qu'on les relève, faisons-le sous forme de question. Exemple : « On en a marre de tes méthodes à la noix ! » – « Quand tu dis "on", tu parles de qui ? » C'est le meilleur moyen de le pousser dans ses retranchements (il va devoir donner des noms ou bien avouer qu'il est seul à penser une telle chose) ou de le déstabiliser (il va perdre le fil de ses idées). Mais soyons toujours vigilante : nous devons absolument rester dans l'empathie. Pas de provocation, pas de moquerie. Ce sera la seule manière de rester maîtresse de la situation et, surtout, de s'affirmer aux yeux de tous ceux qui assisteront à la scène.

AVANT TOUTE DISCUSSION

Jamais de confrontation à chaud : laissons retomber les tensions.
Tentons d'analyser les raisons de cette violence. Qu'est-ce qui a amené Gérard à nous agresser de la sorte ? Une raison réelle (nous venons de nous voir attribuer la responsabilité d'un dossier dans lequel il s'était beaucoup investi) ? La fatigue (nous sommes tous à bout, voilà deux mois que nous travaillons sans relâche sur le rachat d'un concurrent) ? La peur (nous avons fixé sa présentation de projet à la semaine prochaine en réunion de direction et il ne se sent peut-être pas prêt) ?

On ne choisit pas ses collègues comme on choisit ses amis. ”

Quoi qu'il en soit, un face-à-face sera évidemment indispensable pour clarifier la situation. Là encore, il faudra garder tout notre sang-froid, parler posément, le regarder droit dans les yeux et lui demander ce qui l'a amené à nous agresser avec tant de violence.

Soyons claire, pragmatique : qu'attendait-il de nous exactement que nous n'avons pas fait ? Responsabilisons-le : « Te rends-tu compte du coût de ta demande sur le budget global que nous avons ? », « Ne penses-tu pas qu'il aurait été possible de le dire sans te mettre dans un tel état et sans m'agresser comme tu l'as fait ? » Peut-être aura-t-il du mal à trouver lui-même les réponses ! Il y a de fortes chances qu'une fois la tension retombée et avec le recul, il trouve lui-même son attitude totalement décalée par rapport à la situation. En cas d'impasse, faisons appel à un médiateur professionnel.

→ UN COLLÈGUE M'INSUPPORTE… JE VAIS CRAQUER !

C'est malheureusement humain, certaines têtes ne nous reviennent pas. Sophie, avec son air de victime permanente, nous insupporte. Impossible de lui dire qu'elle a fait une erreur dans un dossier ou qu'il faudrait qu'elle se relise avant d'envoyer un mail sans qu'elle soit au bord des larmes comme si nous venions de lui annoncer qu'elle était virée sur-le-champ.

Ou alors c'est la maniaquerie de Michel, qui va jusqu'à compter ses trombones et pique une crise si on lui emprunte ses ciseaux ; ou bien Xavier qui se fout de tout, y compris de l'état de son bureau où les dossiers s'entassent en penchant dangereusement du côté où ils vont tomber… Séverine, qui ne peut pas parler sans hurler, qui ramène toujours tout à elle. Ou encore Juliette, qui voit du négatif partout… et qui à notre « Quel beau temps ! » rétorque « On va l'payer ». Pour elle, rien ne va jamais et rien n'est jamais possible. Le moindre défi du service est un échec assuré et la plus simple demande est retoquée d'un « Ha, non… » ou au mieux d'un « C'est pas évident »…

Que faire pour continuer à vivre sept heures par jour aux côtés de ces personnalités dont les travers sont devenus à nos yeux tout bonnement insupportables ?

Se dire qu'il va falloir faire avec ! Parce qu'on est au travail et pas dans la vie. Qu'on ne choisit pas ses collègues comme on choisit ses amis. Ici, c'est le menu, pas la carte.

Et puis, si nous cherchons bien, tous ces gens insupportables ont bien au fond d'eux quelques qualités. Essayons de les trouver touchants, gentils, hors normes… Rions de leurs défauts en imaginant qu'eux-mêmes nous en ont peut-être aussi trouvé ! Raisonnons-nous : nous n'avons pas le choix. Ils sont là, nous sommes là et nous devons cohabiter. Essayons d'insuffler de l'humour à tout cela en nous disant qu'il y a des choses plus graves. Dédramatisons ! Et si, malgré tous nos efforts, les apprécier, même un minimum, reste impossible, tentons de ne plus nous focaliser sur eux.

« L'enfer, c'est les autres »… disait Sartre, qui n'a pas eu besoin de connaître Sophie, Michel, Xavier, Séverine, Juliette et tous les autres pour s'en rendre compte !

→ J'AI COMMIS UNE FAUTE : RECONNAÎTRE MES TORTS

Hélas, le constat est imparable, les faits sont criants, rendons-nous à l'évidence, nous avons fait une erreur. Et pourtant, nous étions tellement sûre de nous, c'est terrible ! Nous assaille alors la tentation un rien machiavélique – même les plus loyales et intègres se reconnaîtront – de masquer la bêtise et de passer à autre chose mine de rien. Pire encore, la voix du petit démon sur notre épaule nous susurre de la mettre sur le compte de Gérard ! Lui, c'est un coutumier du genre… après tout, ce ne sera que justice !

Mais non, voyons, reprenons-nous et examinons calmement cette désagréable situation. C'est une erreur, pas la fin de notre vie ! Relativisons un peu si possible. Est-ce que nous allons mourir ? Il y a peu de risques. Est-ce inconfortable, vexant, très contrariant ? Bien sûr… mais il n'y a pas mort d'homme, ni de femme d'ailleurs.

Après cette petite mise au point, histoire de calmer notre cerveau archaïque en charge de notre survie, dressons la carte des responsabilités : nous sommes la première responsable, nous avons eu tort, soit. Voyons maintenant qui partage cette responsabilité et à quel degré. Il ne s'agit pas de minimiser notre part mais d'écrêter légèrement le sentiment de culpabilité qui, s'il est trop fort, va nous paralyser et nous empêcher de trouver des solutions. Et cet exercice nous permet de ne pas torpiller notre estime de soi toute fraîche.

Après avoir accepté l'évidence, cherchons à réparer avant qu'il y ait plus de bobos. Et tant pis si Jean-Claude le macho se marre déjà dans son coin. Rappelons le fournisseur, envoyons le tableau modifié, présentons nos excuses avant l'escalade…

Reconnaître nos torts, voilà encore une belle occasion d'apprendre et de progresser. Sur le papier oui… mais comme il est difficile d'avouer que nous ne sommes pas « parfaitement parfaite »! Rien de grave, ce n'est même pas un scoop en fait, même les personnes qui nous apprécient le plus le savent déjà. Pas parfaite? Sans blague, cela voudrait-il dire que nous sommes humaine?

Nous voilà devant une belle occasion d'ajouter une nouvelle qualité à notre escarcelle: l'humilité. Magnifique. Et maintenant, agissons, et vite. S'il le faut, demandons de l'aide pour remédier au problème et trouver une issue favorable.

Assumons pleinement notre erreur et nous devenons un exemple d'honnêteté, d'affirmation de soi et de courage pour nos collègues. Celle qui a osé affronter les conséquences de ses erreurs. Avec un peu de chance, cette erreur nous apportera des bénéfices secondaires inespérés. Et Jean-Claude pourra continuer à se marrer s'il le veut.

Restera à tirer les leçons de cet épisode et à trouver le moyen de ne pas le reproduire. N'ayons pas peur de reparler de notre bévue lors de la prochaine réunion d'équipe, envisageons ensemble les moyens d'éviter une faute du service à tous les niveaux, installons des garde-fous, des contrôles supplémentaires, en arguant que cette erreur nous a fait réaliser qu'il fallait qu'on se serre les coudes pour être tous irréprochables.

Et surtout, si notre Jean-Claude adoré fait un jour une faute, ne l'accablons pas et assurons-lui que cela arrive même à des gens très bien!

Celui qui pose une question risque de passer pour un sot. Celui qui n'en pose pas est sûr de le rester.

— Confucius

CHAPITRE 7

SE REMETTRE EN QUESTION ET MÊME... PARTIR

Ça commence dès le réveil, ça continue dans la voiture ou dans le bus ou le métro et, arrivée devant l'entrée de l'immeuble où nous bossons, ça y est : la boule au ventre est là, bien ferme, bien lourde…
Voilà déjà des semaines, des mois et peut-être même plus que ça tourne en boucle dans notre esprit, que parfois même ça nous réveille la nuit ou que, depuis quelque temps, ça nous empêche carrément de dormir. L'envie, le plaisir ne sont plus là. Le lundi est devenu un calvaire, le vendredi une délivrance. Le dimanche soir, le compte à rebours se met en route et nous déglingue notre fin de week-end… L'évidence est là : notre situation professionnelle ne nous satisfait plus.

→ DÉFINIR POURQUOI RIEN NE VA PLUS

Nous ne nous retrouvons plus dans le quotidien de notre entreprise, dans ses projets et, plus grave, dans les valeurs qu'elle véhicule… Du coup, nous ne supportons plus Gérard, Josy, Jean-Claude et tous les autres. Même ceux que nous trouvions sympathiques commencent à nous sortir par les yeux. Un besoin impérieux de changer d'air se fait sentir, nous nous sentons à l'étroit, coincée, sans énergie.

• Qu'est-ce qui a changé, qu'avons-nous remarqué qui nous gêne aujourd'hui ? Nous sommes de plus en plus nombreuses à faire ce constat : « Contente d'avoir un boulot, mais ras le bol de mon boulot ! »

• Que se passe-t-il réellement ? Pourquoi la flamme s'est-elle éteinte brutalement ou peu à peu ? Il est temps de faire un bilan, un point d'étape pour se poser les bonnes questions.

• Que voulons-nous aujourd'hui ? Que voulons-nous pour demain ? Nos besoins et attentes ont sans aucun doute évolué ; si la situation ne nous convient plus, que voulons-nous à la place ? Le poste que nous occupons peut-il être aménagé ? Existe-t-il des perspectives « en intra » ?

Changer de cap n'est pas anodin, cela engage notre avenir et peut avoir une incidence sur notre entourage, alors usons d'une part de prudence et de patience, d'autre part d'ouverture et d'audace. Il peut s'avérer très utile à ce stade de clarifier nos motivations dans notre désir de partir vers un autre chapitre de vie professionnelle et de savoir quels sont nos besoins les plus importants aujourd'hui.

BESOIN DE MOUVEMENT

La motivation vient du mot latin *movere*, qui signifie « se déplacer ». La motivation, c'est ce qui nous pousse à nous mettre en mouvement, à passer à l'action et à tenir dans la durée ! Cet élan vers l'action vient du plus profond de nous-même, de ce qui est le plus important pour nous, de ce qui fait ce que nous sommes. Si notre cercle d'amis est important pour nous, nous aurons à cœur de passer du temps avec eux, de prendre soin d'eux, et nous passerons à l'action pour prendre de leurs nouvelles ou organiser des moments de partage. Si nous sommes adepte d'émotions fortes, nous serons motivée par les sports extrêmes, les activités qui nous fourniront notre dose d'adrénaline. S'il est important pour nous de contrôler la situation, de nous sentir en sécurité, nous poserons les actions en conséquence, etc.

Quoi qu'il en soit, bien connaître ses sources de motivation est un plus incontestable pour s'adapter et prendre des décisions justes.

Notre motivation à changer est initiée par ce que nous sommes profondément. Cependant, elle peut aussi être éveillée par une opportunité qui se présente, une occasion à saisir avant qu'il ne soit trop tard. Une émotion, une rencontre, une intuition ou la chance qui enfin nous sourit, nous poussent à agir sans délai. Dans ce cas, réfléchissons peu, mais réfléchissons bien tout de même.

Après avoir pesé le pour et le contre, mettons-nous au clair également sur le « prix à payer ». Rester ou partir, dans un cas comme dans l'autre, choisir, c'est souvent renoncer, nous le savons. Sommes-nous prête à franchir la barrière d'une nouvelle aventure et à expérimenter autre chose ? C'est-à-dire sortir de notre zone de confort, braver l'inconnu, surmonter nos peurs, réinvestir du temps pour chercher LE job qui nous verra enfin épanouie ?

ÊTRE SOI MAINTENANT POUR ÊTRE LA MEILLEURE VERSION DE SOI PLUS TARD

Ambitieux ? Sans doute. Exaltant ? Oui !

Et cela se joue dès aujourd'hui, dans chaque action, petite ou grande, légère ou héroïque que nous posons. Lisons des témoignages de réussite, rencontrons des personnes qui nous inspirent, qui prouvent le mouvement en avançant ! Restons résolument orientée "solution", amélioration constante, réseau, côtoyons les personnes positives qui nourriront notre enthousiasme. Et progressons un jour à la fois, un pas après l'autre, profitons du voyage, il n'y a pas que le résultat qui compte. Sachons apprécier les moments d'euphorie comme les moments de doute, les défis, les escales, le chemin que nous parcourons. Comme le dit merveilleusement Paulo Coelho, vivons notre légende personnelle.

Nous sommes les premières responsables de notre progression. ”

Nous mobiliser sur un nouveau projet nous demandera du temps et de l'énergie, les conséquences de ce changement seront plus ou moins faciles à assumer. Quitter la zone industrielle grise située à 1 h 30 de métro de chez nous devrait être faisable sans trop d'effort, mais qu'en est-il de laisser notre copine Magali avec laquelle nous déjeunons chaque midi depuis cinq ans ? Peut-être pas si simple et, pourtant, nous savons bien au fond de nous que nous sommes la première responsable de notre progression et que cela peut passer par des zones de turbulences ou de rupture. Alors, recentrons-nous sur le plus important : ce qui nous anime. Ce qui va faire que nous nous sentirons en phase avec la personne que nous sommes et celle que nous voulons devenir. Oser s'affirmer à travers ce choix, voilà qui nous fera grandir !

Donnons du sens à notre projet pour amorcer le levier de notre motivation profonde, qui vient des tripes et qui nous garantit de tenir dans les difficultés jusqu'au succès de nos réalisations.

→ CHANGER / SE RÉORIENTER MÊME QUAND TOUT VA BIEN

Changer quand les signaux sont encore discrets, quand ce n'est encore qu'une idée qui passe – et repasse – quand l'envie d'ailleurs pointe le bout de son nez avec le sentiment doux-amer de ne plus progresser, quand nous sommes déçue de ne pas exploiter notre potentiel, quand arrivent les fourmillements dans nos ailes qui rêvent de se déployer, répétant cette petite phrase lancinante : « Et si j'osais ? »

Pourquoi pas ?

Deux états nous poussent à oser, à innover, à nous envoler : le désespoir de la situation d'impasse et la soif de nous réaliser pleinement grâce aux talents qui portent notre mission de vie. Pourquoi se priver de la deuxième option ? C'est tellement plus facile et plaisant quand le changement est soutenu par un objectif stimulant de dépassement de soi.

Partout, dans tous les domaines, de nouveaux métiers naissent chaque jour, notre façon de travailler et de penser notre travail évolue très vite. Les générations X, Y, Z apportent un regard neuf et fondamentalement différent sur le concept même de « travail ».

CURIEUSE ET AGILE, LIBRE

Nos talents sont le socle de notre réussite, encore faut-il leur laisser libre cours et leur faire confiance. Pour avoir les nouveaux codes d'accès à notre plein potentiel et à la réussite que nous méritons, pratiquons la « win » attitude, mélange de bienveillance envers nous-même, niveau d'exigence élevé, discipline dans la mise en action, ouverture. Sachons prendre du recul, de la distance et ouvrir nos yeux et notre esprit. Accueillir la surprise, les idées farfelues, les visions différentes. Soyons curieuse, souple, agile dans nos approches et dans nos décisions. Restons à l'écoute. Une écoute réceptive. Soyons à l'écoute des bruits du monde, de nos intuitions. Rendons sa liberté à notre imagination.

Vive les insomnies positives et le feu rallumé ! ”

Le bon vieux plan de carrière pragmatique est troqué pour le plus virtuel plan de développement personnel. La donne change… Notre futur professionnel n'est peut-être pas destiné à être si linéaire que prévu. Les projets au sein de l'entreprise sont de plus en plus transversaux, faisant fi des liens hiérarchiques classiques, les objectifs changent de forme.

N'attendons pas de menacer de tuer Jean-Claude ou d'étrangler Josy, de craindre le licenciement pour nous lancer. Soyons de ces exploratrices qui s'épanouissent dans le changement, osons la crise de la trentaine, de la quarantaine, de la cinquantaine pourvu qu'elle nous apporte la plénitude, qu'elle nous redonne l'envie de nous lever, de rêver, le plaisir de créer, d'être vivante.

Vive les insomnies positives, le feu rallumé et la confiance en nous retrouvée !

→ PARTIR QUAND ON N'EST PAS D'ACCORD

Nous ne sommes pas d'accord, la situation est une impasse, nous sommes bloquée, cela arrive. Si nous subissons sarcasmes, humiliations – osons le dire : une véritable souffrance au travail –, il n'est plus question d'attendre, nous devons sauver notre peau et fuir ! Oui, fuir les entreprises toxiques, les environnements agressifs et les personnes malveillantes. Car c'est faire acte de courage et d'affirmation de soi. Faisons-nous aider par un spécialiste, au besoin. Il arrive aussi que la situation ne soit pas si extrême et que le choix de quitter notre job soit moins évident à première vue. Nos peurs nous rattrapent, nous savons ce que nous avons maintenant et pas ce que nous aurons après, c'est vrai. Cependant, si nous n'essayons pas, nous ne laissons pas de place à autre chose de mieux, de plus épanouissant, de plus respectueux de ce que nous sommes, c'est d'une logique implacable.

S'il n'y a pas d'urgence « vitale », offrons-nous une petite respiration et tentons de prendre de la hauteur, posons-nous la question suivante : où se situent les différends ?

Se remettre en question, c'est simple en théorie mais pas si facile en pratique. Car nous avons raison après tout, les faits parlent d'eux-mêmes ! Méfions-nous pourtant de nos positions rigides et rappelons-nous que, bien souvent, ce sont les émotions qui parlent plus que les faits.

ÉQUILIBRES INSTABLES

Être soi-même, solide sur nos appuis et souple dans nos articulations pour amortir les chocs et les nids-de-poule du chemin. La vie n'est pas un long fleuve tranquille, mais une aventure changeante et passionnante.

Ne nous attendons pas à une routine figée et stable à perpétuité, c'est fini, ce temps-là ! Les équilibres sont instables, alors efforçons-nous de maintenir le nôtre afin d'en tirer le meilleur et le plus joyeux avec les gens que nous aimons.

Développons notre aptitude à agir et réagir, à anticiper, à innover, à oser.

DES VISIONS DIFFÉRENTES...
...MAIS TOUS DU MÊME MONDE !

Essayons d'objectiver la situation, de changer d'angle de vue, et passons toutes les données au crible de la froide réalité factuelle, en dehors de tout jugement de valeur, projection et interprétation. Limitons les interférences pour avoir une vision plus juste et moins passionnée. En bref, pour prendre la bonne décision, gardons notre sang-froid et les idées claires.

Lorsque ce travail de discernement est effectué, trois options se proposent :

- **Rester…**
parce qu'avec une mise au point, quelques modifications et un peu plus de souplesse, l'aventure peut continuer sur de nouvelles bases.
- **Rester…**
pour se donner le temps de réfléchir, éventuellement de se faire accompagner vers un nouvel objectif, sans la pression du temps ou pour se former dans un domaine qui suscite notre curiosité.
- **Partir…**
puisqu'il n'y a plus rien à ajouter et que nous sommes à la fin de l'histoire. Sans regret ni remords, nous sommes prête à voguer vers des eaux plus clémentes. Nous transformerons alors nos anciens problèmes en nouveaux défis !

C'est la fin de ce chapitre de vie… au suivant !

→ ÉPILOGUE

Nous voici arrivées au bout de cette exploration non exhaustive du monde professionnel. Au fil des pages, nous vous avons guidées dans les méandres de cette grande aventure qu'est notre carrière. L'épanouissement dans le travail est une quête que nous, femmes des pays industrialisés, pensons être en droit de connaître… Parfois, souvent, nous avons cette chance. Alors sachons nous en montrer dignes ! Que sont Josy, Jean-Claude, Gérard, Arlette et tous les autres au regard des conditions encore inhumaines dans lesquelles d'autres femmes du monde exercent leur métier ?

Prenons de la hauteur ! Affirmons-nous par notre inventivité, nos spécificités de femmes… Ne devenons pas des garçons manqués pour mieux leur plaire ou ne plus rencontrer leurs sarcasmes. Croyons à la cohabitation positive et, si elle n'existe pas sur notre lieu de travail, installons-la, à force de patience, de respect mutuel, de professionnalisme et d'intelligence.

Façonnons notre destin, ne nous enlisons pas dans la fatalité sociale ou intellectuelle. Osons forcer les barrages, les préjugés, les idées ancrées, les mauvais esprits. Croyons en nous, ne nous interdisons rien sous prétexte que « ça n'est pas pour nous » !

Quant à la place que le travail doit prendre dans notre vie, à nous de la déterminer, de pousser le curseur plus ou moins loin vers la vie privée. Tout comme l'argent, le travail ne fait pas forcément le bonheur : mais avouons quand même qu'il peut (largement) y contribuer !

RESTER, ATTENDRE OU PARTIR ?

1. QUAND J'ARRIVE AU BOULOT :

- J'ai mal au ventre, j'ai une montée de stress.
- Je suis plutôt contente de voir mes collègues et je suis prête à démarrer ma journée.
- J'ai le sourire.

2. PENDANT LA JOURNÉE :

- Je suis tranquille pour travailler, la pause déjeuner est un bon moment de détente.
- Je me sens mal, je suis dénigrée dans tout ce que je fais, je perds confiance.
- J'ai des objectifs clairs et motivants, et les moyens de les atteindre.

3. AVEC MES COLLÈGUES, C'EST PLUTÔT :

- Tensions, arrêts de travail et conflits.
- Des hauts et des bas, il y a des jours avec et des jours sans.
- On s'entraide, certains sont de véritables amis.

4. LA COMMUNICATION DANS MA BOÎTE RIME AVEC :

- Confrontation
- Dialogue et propositions
- Malentendus et projection

5. MON AVENIR DANS L'ENTREPRISE :

- Pff, quel avenir ?
- Me former, demander une mutation interne.
- Mon expérience va me permettre d'évoluer vers le poste que je cherche.

6. QUELLE AMBIANCE DANS L'ÉQUIPE ?

- Joie de vivre, respect
- Cela dépend de Jocelyne.
- Pesante, morose

7. QUEL STYLE DE FEEDBACK ?

- Indifférence
- Reconnaissance
- Ignorance

8. LES AVANTAGES :

- Un CE dynamique, une filière porteuse, un environnement de qualité.
- Le minimum légal.
- La souplesse des horaires, la proximité du domicile.

Résultats du test en page suivante

RÉSULTATS DU TEST

Nombre de ✎
=

Nombre de ✒
=

Nombre de ✎
=

Majorité de ✎

J'attends, si ce n'est pas la panacée, ce n'est pas non plus le bagne. Je peux me permettre de faire le point, de tenter une solution en interne, de proposer des pistes d'amélioration sur les points qui me semblent importants.

Majorité de ✒

Il est temps de quitter le navire au plus vite, je m'épuise de plus en plus, le désespoir me guette, cette situation a assez duré.

Majorité de ✎

Finalement, l'herbe n'est pas plus verte dans le pré d'à côté, je reste et j'imagine déjà de nouvelles perspectives.

→ CONCLUSION

- Au regard de ce constat, ce que je décide aujourd'hui, en quelques mots :

....

- Mon El Dorado professionnel pour aujourd'hui ou pour demain :

....

Choisissez un travail que
vous aimez, et vous n'aurez pas
à travailler un seul jour
de votre vie.

— Confucius

Directeur : Pierre-Olivier Bonfillon
Directrice éditoriale : Françoise Kerlo
Responsable d'édition : Valérie Langrognet,
assistée de Manon Bergna
Chefs de fabrication : Jérôme Brotons
et Anne-Kathrin Fischer.

Conception et Réalisation : Agence AllRight
Illustrations intérieures : Valérie Cœugniet
Illustration de couverture : Pénélope Bagieu

ISBN 978-2-8104-1874-9
Dépôt légal : septembre 2016
Diffusion Sodis
Impression : CAYFOSA - Impresia Ibérica (Espagne)

PEFC
PEFC/14-38-00157
www.pefc.es